Sei konstruktiv!
Problemlösung möglich gemacht

1. Auflage September 2023

Alle Rechte vorbehalten
Copyright © 2023 Marcus Disselkamp, München
www.disselkamp.com

ISBN 9798857839782

Löse Deine Probleme...

„Bevor du die Welt veränderst, solltest du erst einmal verstehen, warum sie ist, wie sie ist." – (Marie Curie)

„Die Neugier steht immer an erster Stelle eines Problems, das gelöst werden will."(Galileo Galilei)

„Auch aus Steinen, die dir in den Weg gelegt werden, kannst du etwas Schönes bauen." (Erich Kästner)

Willkommen zu der kleinen Schatzkiste der Problemlösungen! In unserer hektischen Welt sind wir ständig mit Herausforderungen konfrontiert, sei es im persönlichen oder beruflichen Bereich. Doch statt uns von ihnen überwältigen zu lassen, bietet diese Schatzkiste praxisorientierte und pragmatische Anregungen zur Bewältigung von Schwierigkeiten. Von der Lösung aktueller Geschäftsprobleme, über die Optimierung von Geschäftsprozessen, der Umsetzung neuer Geschäftsideen bis hin zu strategischen Entscheidungen – unsere Schatzkiste bietet dir wertvolle Werkzeuge, um deine Herausforderungen gezielt und effizient zu meistern. Da gilt dann nur noch: Einfach mal ausprobieren!

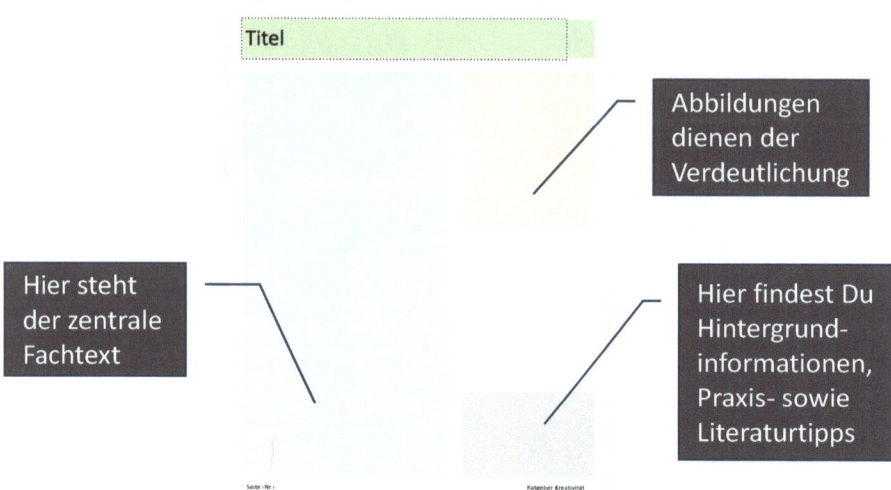

Dieser kleine Ratgeber ist ganz einfach aufgebaut: Jede Seite besteht aus einem zentralen Fachtext mit unterstützenden Abbildungen, Hintergrundinformationen sowie Praxis- und Literaturtipps. So gewinnt der Leser schnell einen guten Überblick über die unterschiedlichen Problemlösungstechniken, ihre zentralen Vorteile und mögliche Anwendungsfelder. Da gilt dann nur noch: Einfach mal ausprobieren!

Im vorliegenden Ratgeber wurde bewusst die Du-Form gewählt, um eine persönlichere und zugänglichere Ansprache zu ermöglichen. Zudem gibt es keine gender-spezifischen Formulierungen, vielmehr werden alle Geschlechter gleichermaßen angesprochen.

... und vertiefe diese Themen:

1. Verstehe den Hintergrund
2. Überwinde Deine Denkfehler
3. Akzeptiere Barrieren
4. Lass uns träumen (think big)
5. Fange klein an (start small)
6. Sei vor allem schnell (move fast)
7. Bleib konsequent

In den sieben Themenfeldern dieses Ratgebers finden sich viele Tipps rund um die Problemlösung. Und diese Tipps zielen vor allem auf Eines: Akzeptiere Schwierigkeiten als etwas, was (in den meisten Fällen) aktiv, strukturiert und kreativ gelöst werden kann. Es gibt praxisnahe Methoden, Werkzeuge und Arbeitsschritte, um die vielen Herausforderungen und Veränderungen in Unternehmen, Teams oder NGOs zu bewältigen. Und Schwierigkeiten gibt es überall: bei der Lösung von Problemen, der Umsetzung neuer Ideen oder der Bearbeitung irgendwelcher Vorgaben. Sehr gerne darf man dabei auch mal über den Tellerrand schauen – ganz im Sinne eines „Think outside the box".

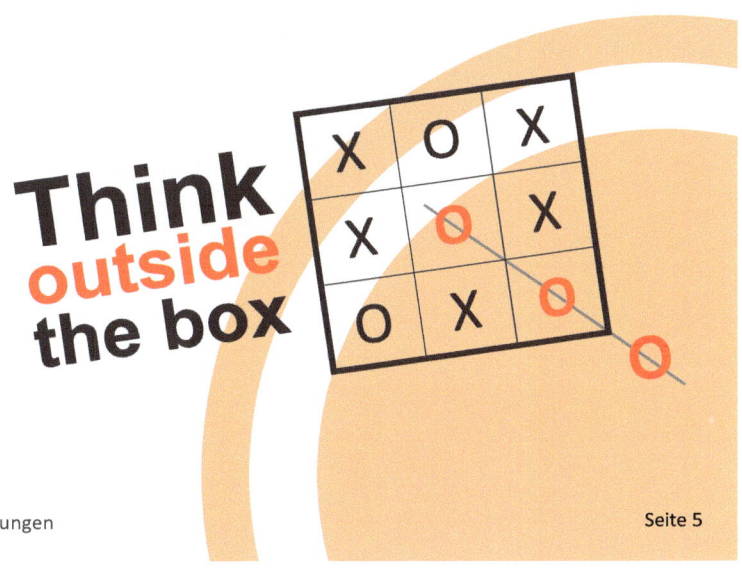

Verstehe den Hintergrund

"Wenn ich eine Stunde Zeit hätte, um ein Problem zu lösen, würde ich 55 Minuten damit verbringen, über das Problem nachzudenken und fünf Minuten über die Lösung." Dieses Zitat wird mit Albert Einstein verbunden, nicht wissend, ob er es auch wirklich so gesagt oder geschrieben hat.

Aber die Kernaussage ist wichtig: Probleme werden nicht gelöst, indem man einfach direkt mit der Suche nach einer Idee oder Lösung startet, sondern indem zuerst einmal der genaue Hintergrund des Problems analysiert und erfasst wird. Egal ob bei einer klassischen oder agilen Vorgehensweise, immer benötigt eine Problemlösung ein Verständnis und Sensibilisierung für das Problemumfeld.

Denn was hilft es uns, wenn wir bei Kopfschmerzen immer wieder nur Scherzmittel einnehmen, ohne uns über den wahren Grund der Schmerzen (wie Dehydration, Stress etc.) Gedanken zu machen? Oder wenn eine Firma bei schwachen Gewinnen klassischerweise nur darüber nachdenkt, die Kosten zu senken? Die Probleme werden zwar oberflächlich kurzfristig gelöst, bleiben aber im Kern langfristig erhalten.

Für eine nachhaltige Problemlösung ist es daher äußerst wichtig, sich eingehend mit dem Hintergrund eines Problems zu beschäftigen, bevor man mit der eigentlichen Entwicklung einer Idee oder der Lösung beginnt. Dies kann in mehreren Schritten erfolgen:

Design Thinking

Die erste Stufe der sehr bekannten agilen Methodik zur Entwicklung innovativer Lösungen, dem Design Thinking, wird als "Empathize" (Emphatisieren) oder "Verstehen" bezeichnet. Es geht um ein tiefes Verständnis für die Bedürfnisse und Probleme der Nutzer oder Kunden zu entwickeln. Die zweite Phase „Define" dient dann der eindeutigen Formulierung der Problemstellung, bevor in der dritten Phase die Kreativität folgt.

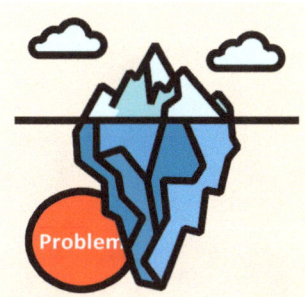

Wie bei einem Eisberg der größte Teil nicht direkt sichtbar ist, so verstecken sich meist die Gründe vieler Probleme.

Creative Problem Solving

Schon der Erfinder des Brainstormings (Alex F. Osborn) verwies in den 60iger Jahren in seinem **Creative Problem Solving** (CPS) Ansatz auf vier Phasen zum Lösen von Problemen und Finden kreativer Ideen: Verständnis des Problems, Generierung von Ideen, Bewertung und Auswahl der besten Ideen sowie Umsetzung der Lösung.

OODA-Loop bzw. Methodik

Die **OODA-Methodik** fordert, dass jede Entscheidung immer wieder anhand der vier Phasen (Observation, Orientation, Decision, Action) durchlaufen wird. Ursprünglich vom US-Militär entwickelt, geht es um das schnelle Hinterfragen einer Situation (z.B. wer will was warum von Dir?), die korrekte Interpretation der Situation, dem Entscheiden auch bei sich ändernden Umständen sowie Handel als eigentliche Problemlösung.

1. **Klare Problemdefinition:** Stelle sicher, dass Du das Problem klar und präzise verstehst, bevor Du mit der Ideenfindung startest.

2. **Zielsetzung:** Lege klare Ziele fest, die du mit der Lösung des Problems erreichen möchtest, um den Fokus zu behalten.

3. **Ursachenanalyse:** Untersuche die Ursachen des Problems gründlich, um die Wurzel des Problems zu erkennen.

4. **Stakeholder-Analyse:** Identifiziere die relevanten Bezugspersonen (sog. Stakeholder), die Einfluss auf dein Problem haben, und verstehe ihre Bedürfnisse, Sorgen und Erwartungen.

5. **Ressourcen und Einschränkungen:** Prüfe die verfügbaren Ressourcen wie Budget, Zeit, Personal und technische Möglichkeiten sowie mögliche Einschränkungen.

6. **Erfolgsfaktoren:** Bestimme die Kriterien, anhand derer du den Erfolg der Lösung beurteilen wirst.

7. **Bestehende Lösungen:** Schaue nach, ob ähnliche Probleme in der Vergangenheit aufgetreten sind und ob es bereits existierende Lösungen gibt.

8. **Kreatives Denken:** Fördere kreatives Denken und eine konstruktive Diskussions- sowie Fehlerkultur, um verschiedene Lösungsansätze zu generieren.

Definiere Dein Problem

Der erste Schritt zum Verstehen des Problemhintergrunds ist die klare Definition des Problems. Das hört sich banal und einfach an, doch behindern immer wieder verschiedene Gründe eine konstruktive Problemdefinition:

1. **Unklare oder voreilige Formulierung:** Werden Probleme nicht präzise genug formuliert oder zu schnell auf den ersten Blick diagnostiziert, führt dies zu einer unscharfen Definition.

2. **Fehlende Daten oder Informationen**: Werden nicht genügend Daten über das Problem gesammelt, kommt es zu Missverständnissen oder Fehlinterpretationen.

3. **Annahmen und Vorurteile:** Wegen persönlicher Annahmen und Vorurteile werden oft wichtige Aspekte übersehen.

4. **Symptome statt Ursachen:** Manchmal wird nur das offensichtliche Symptom eines Problems erkannt und nicht die zugrunde liegende Ursache.

5. **Komplexität:** Einige Probleme sind sehr komplex und haben viele verschiedene Facetten, was eine präzise Definition erschwert.

6. **Fehlende Einbeziehung der Nutzer:** Unzureichende Lösungsansätze entstehen, wenn Probleme ohne Perspektive der Betroffenen definiert werden.

7. **Zeitdruck:** Müssen Probleme schnell identifiziert werden, führt dies oft zu oberflächlichen Definitionen.

Beispiele falscher Problembeschreibungen

"Unsere Umsätze sind schlecht. Wir müssen etwas dagegen tun."

"Unsere Mitarbeiter sind unmotiviert, weil wir so schlecht bezahlen."

"Unsere Produktion und Logistik ist nicht kundenorientiert, deshalb haben wir so lange Lieferzeiten."

„Unsere Produkte sind zu teuer, deshalb kaufen die Kunden sie nicht ".

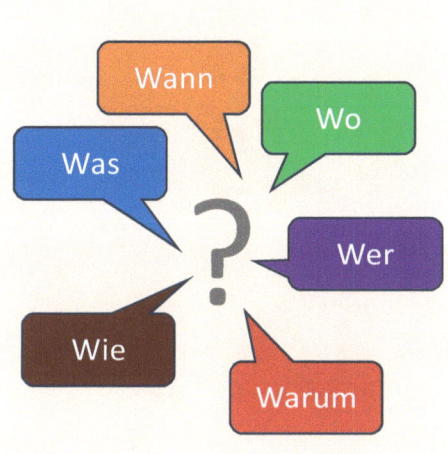

Eine gute Methode zur Definition von Problemen ist die **5W1H Methode**:

1. **Was (What):** Beschreibe das Problem genau und präzise. Kläre, was das Problem verursacht oder auslöst und welche Auswirkungen es hat.

2. **Wann (When):** Bestimme, wann das Problem auftritt und ob es bestimmte zeitliche Muster oder Zusammenhänge gibt. Dies kann helfen, saisonale oder zyklische Aspekte des Problems zu verstehen.

3. **Wo (Where):** Lokalisiere das Problem, um zu verstehen, wo es auftritt oder wo es sich auswirkt. Geografische Faktoren können wichtig sein, um mögliche Zusammenhänge zu erkennen.

4. **Wer (Who):** Identifiziere die Personen oder Gruppen, die vom Problem betroffen sind oder eine Rolle bei der Lösung spielen könnten. Erforsche auch mögliche Ursachen, die mit bestimmten Personen oder Interessengruppen in Verbindung stehen könnten.

5. **Warum (Why):** Untersuche die Ursachen des Problems, um die zugrunde liegenden Gründe zu verstehen. Frage nach den Motiven, die zum Problem geführt haben.

6. **Wie (How):** Analysiere die Prozesse und Mechanismen, die das Problem beeinflussen. Ergründe, wie das Problem sich manifestiert und wie es sich möglicherweise ändern oder beheben lässt.

5W1H Methode

Die 5W1H-Methode wird auch Kipling Methode bezeichnet. 1902 veröffentliche der englische Schriftsteller Rudyard Kipling in seinem Buch „The Elephants Child" ein Gedicht in dem die sechs Fragen "Wer? Was? Wann? Wo? Warum?" und "Wie?" verwendet werden. Sie dient dazu, schnell und einfach Fragen zu einem Problem auf dessen Kernpunkte zu bringen.

Gehe an die Wurzel des Problems

Eine der großen Herausforderungen bei der Definition eines Problems ist die eindeutige Ursachenanalyse. Was ist wirklich der Grund für unser Problem? Warum erscheint dieses Problem zu bestimmten Zeiten, an bestimmten Orten oder bestimmten Personengruppen?

Das Genchi-Genbutsu Prinzip aus dem Lean Management formulierte schon Ende der 80iger Jahre, dass man Probleme nur dann lösen kann, wenn man an ihre Quellen und Wurzeln geht. Das kann z.B. bedeuten, dass man nicht in Konferenzräumen sitzen sollte, um über Probleme der Produktion zu sprechen, sondern diese vielmehr vor Ort in der Produktion mit den Experten erläutert. Es bringt auch nichts über Probleme an Schulen zu diskutieren, wenn man die Betroffenen (Lehrer, Schüler und Eltern) nicht einbindet. Es ist also wichtig, aktiv die betroffenen Orte und Personen einzubinden, um dort nach Hintergründen zu forschen und Ideen zu sammeln.

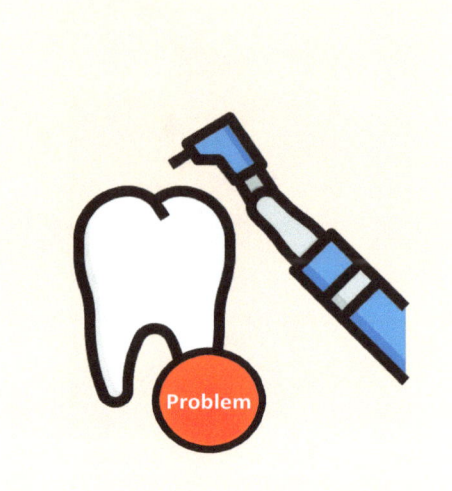

Ziel ist es, alles direkt zu beobachten, Informationen aus erster Hand zu sammeln und die zugrunde liegenden Ursachen von Problemen zu verstehen. Nur so kann man ein tieferes Verständnis für die Realität gewinnen, um Probleme zu identifizieren, Prozesse zu verbessern und fundierte Entscheidungen zu treffen. Dies fördert zudem die Prinzipien der kontinuierlichen Verbesserung und der Kultur des Lernens in Organisationen.

Genchi Genbutsu

Genchi Genbutsu ist ein Konzept aus dem Lean Management und stammt aus dem Japanischen. Es bedeutet so viel wie "Gehe und sieh selbst" oder "Gehe an die Quelle". Es ist eine der Grundprinzipien des Toyota-Produktionssystems (TPS) und betont die Bedeutung, sich direkt und im Detail vor Ort mit Problemen und ihren Lösungen zu beschäftigen. Genchi Genbutsu geht Hand in Hand mit einem anderen Lean-Prinzip namens "Gemba", das direkt "Ort des Geschehens" bedeutet und darauf abzielt, dass Entscheidungsträger Zeit direkt an den wertschöpfenden Arbeitsplätzen verbringen, um ein besseres Verständnis der Prozesse und der Arbeitsweise zu gewinnen.

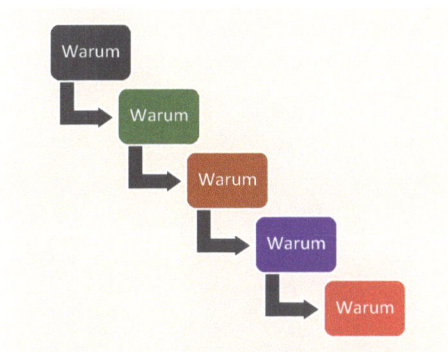

Eine Top-Methode, um an die Wurzel des Problems, quasi zur Quelle des Übels zu kommen, ist die **5-Why-Technik**. Sie ist eine einfache, aber wirkungsvolle Methode zur Problemlösung und Ursachenanalyse, die ursprünglich von Toyota im Rahmen des Toyota-Produktionssystems entwickelt wurde und heute in vielen Organisationen weit verbreitet ist. Die Methode zielt darauf ab, die zugrundeliegenden Ursachen eines Problems zu identifizieren, indem man mehrfach die Frage "Warum?" stellt.

oberflächliches Symptom	mögliche Ursache
"Unsere Mitarbeiter sind unmotiviert, weil wir so schlecht bezahlen."	Mitarbeiter unmotiviert, da fehlende Führung (Vision, Ziele, Freiraum), interne Spannungen (z.B. zwischen Abteilungen bzw. Personen) oder individuelle Überforderung der Mitarbeiter.
"Unsere Produktion und Logisit sind nicht kunden-orientiert, deshalb haben wir so lange Lieferzeiten".	Keine Zusammenarbeit zwischen den Fachbereichen (Logistik, Vertrieb und Produktion), die sich als Fürstentümer gegenseitig bekriegen, anstatt gemeinsam dem Markt zu dienen.
"Unsere Produkte sind zu teuer, deshalb kaufen die Kunden sie nicht ".	Der Vertrieb ist überfordert, den Mehrwert zu verkaufen, weil keine Innovationen zu Alleinstellungsmerkmalen führen, vom Marketing nicht aufbereitet, der Vertrieb zu schlecht geschult oder die Vertriebler ungeeignet sind.

1. **Frage "Warum?" zum ersten Mal:** Stelle dir die Frage "Warum ist dieses Problem aufgetreten?" oder "Warum tritt dieses Problem auf?". Versuche, die direkte Ursache des Problems zu identifizieren und notiere sie.

2. **Frage "Warum?" vier weitere Male**: Nimm die erste Antwort aus Schritt 2 und frage erneut "Warum ist das passiert?" oder "Warum ist diese Ursache entstanden?". Wiederhole diesen Schritt insgesamt fünf Mal, indem du auf jede Antwort auf die vorherige Frage erneut die Frage "Warum?" stellst.

3. **Suche nach der zugrundeliegenden Wurzel**: Spätestens ab dem fünften "Warum?" solltest du zu einem Punkt gelangen, der die tiefere Wurzel des Problems offenbart. Es kann eine zugrunde liegende Ursache sein, die nicht offensichtlich war und möglicherweise mehrere Ebenen von "Warum?"-Fragen benötigte, um entdeckt zu werden.

Fehlerbaumanalyse

Ähnlich der 5Why Technik analysiert die **Fehlerbaumanalyse** zuerst Endereignisse, aus denen heraus Zweige für mögliche Fehlerursachen entwickelt werden, um am Ende zu spezifischen Ursachen für die Probleme zu gelangen.

Glaube nicht ersten Eindrücken

Bei der Analyse und Beurteilungen von Problemen unterliegen wir immer wieder bestimmten Denkfehlern und sog. kognitiven Verzerrungen: Diese können zu suboptimalen Entscheidungen und ineffizienter Problemlösung führen:

1. **Bestätigungsfehler (Confirmation Bias):** Die Tendenz, Informationen auszuwählen oder zu bevorzugen, die unsere vorhandenen Überzeugungen und Annahmen bestätigen, und gleichzeitig Informationen zu ignorieren, die diesen widersprechen.

2. **Auswahl- oder Auswahlverzerrung (Selection Bias):** Die Neigung, nur bestimmte Daten oder Beispiele heranzuziehen, um eine bestimmte Sichtweise zu unterstützen, während andere relevante Informationen vernachlässigt werden.

3. **Gruppen-Denken (Groupthink Bias):** Die Tendenz in Gruppen, eine einheitliche Meinung zu entwickeln und abweichende Ansichten zu unterdrücken, um Harmonie und Einheit zu wahren.

4. **Überoptimismus und Übervertrauen (Overconfidence Bias):** Die Neigung, das eigene Wissen, die Fähigkeiten und die Erfolgsaussichten zu überschätzen, was zu unangemessenen Risiken und unzureichender Risikobewertung führen kann.

Kognitive Verzerrungen

Kognitive Verzerrungen sind systematische und oft unbewusste Fehler in der Art und Weise, wie Menschen Informationen verarbeiten, urteilen und Entscheidungen treffen. Sie können zu irrationalen Denkweisen und fehlerhaften Schlussfolgerungen führen, die unsere Wahrnehmung und unser Verhalten negativ beeinflussen.

Ist das Glas halb voll oder halb leer – es hängt ganz von unserer eigenen Entscheidung ab.

Lesetipps

Christian Busch: Erfolgsfaktor Zufall – Wie wir Ungewissheit und unerwartete Ereignisse für uns nutzen können, Hamburg, 2023

Rolf Dobelli: Die Kunst des klaren Denkens, München, 2020

Daniel Kahnemann: Schnelles Denken, Langsames Denken, München, 2012

5. **Status-quo-Bias:** Die Vorliebe für die Beibehaltung des Status quo und die Abneigung gegen Veränderungen, selbst wenn diese Veränderungen sinnvoll und notwendig wären.

6. **Verankerungs-Effekt (Anchoring Bias):** Die Tendenz, zu stark von einem bestimmten Anfangswert oder einer ersten Information beeinflusst zu werden, wenn Entscheidungen getroffen werden, selbst wenn dieser Wert nicht angemessen oder relevant ist.

7. **Rückschaufehler (Hindsight Bias):** Die Tendenz, vergangene Ereignisse als vorhersehbar oder unausweichlich zu betrachten, nachdem sie eingetreten sind, und daraus falsche Schlussfolgerungen für zukünftige Entscheidungen zu ziehen.

8. **Projektionsfehler (Projection Bias):** Die Annahme, dass andere Personen ähnliche Gedanken, Motivationen oder Präferenzen haben wie man selbst.

9. **Verlustaversion (Loss Aversion):** Die Tendenz, den Wert von Verlusten höher zu bewerten als den Wert von Gewinnen, was zu riskanten Entscheidungen führen kann, um Verluste zu vermeiden.

Überwinde Deine Denkfehler

Das Überwinden eigener kognitiver Verzerrungen erfordert Selbstreflexion und bewusstes Handeln. Hier sind einige Ideen, die dabei helfen können:

1. **Bewusstsein schaffen**: Achte auf deine Gedanken, Gefühle und Reaktionen in verschiedenen Situationen, um kognitive Verzerrungen zu erkennen, wenn sie auftreten.

2. **Infragestellung der Gedanken:** Hinterfrage deine automatischen Gedanken und Annahmen kritisch. Frage dich, ob sie auf wahren Informationen beruhen oder ob sie durch Verzerrungen beeinflusst sind (siehe hierzu: Sokratische Fragen nächste Seite).

3. **Suche nach alternativen Perspektiven**: Betrachte eine Situation aus verschiedenen Blickwinkeln und frage dich, ob es andere plausible Erklärungen oder Interpretationen gibt, die nicht von kognitiven Verzerrungen beeinflusst sind.

4. **Nutze Fakten und Daten:** Stütze deine Meinungen und Entscheidungen auf fundierte Fakten und Daten, anstatt auf Vermutungen oder emotional geprägte Annahmen.

5. **Achtsamkeit praktizieren:** Übe regelmäßig Achtsamkeit, um deine Reaktionsmuster und automatischen Denkprozesse bewusster wahrzunehmen und sie gegebenenfalls zu unterbrechen.

Achtsamkeit

Achtsamkeit ist die bewusste und absichtliche Aufmerksamkeit für den gegenwärtigen Moment, ohne dabei zu urteilen. Sie hilft dabei, die automatischen Denk- und Reaktionsmuster zu durchbrechen, die zu kognitiven Verzerrungen führen können, indem sie Bewusstsein und Reflexion fördert.

Sechs Grundmuster sokratischer Fragestellungen

Sokrates' sechs Prinzipien der Fragestellung, auch bekannt als die sokratische Methode, sind eine Lehrtechnik, bei der er durch gezieltes Fragen dazu anregte, dass seine Schüler ihr eigenes Denken entwickeln und ihre Annahmen und Argumente hinterfragen

1. **Klärung / Begründung:** Warum sagst Du das? Woher weißt Du das? Welche Daten bestätigen dies?

2. **Annahme:** Ist das immer so? Stimmst Du dieser Aussage zu? Kann man dies überprüfen?

3. **Beweise:** Welche Beispiele und Referenzen gibt es? Wo und warum funktionieren diese Beweise?

4. **Perspektiven**: Gibt es Alternativen? Was sind die Vor- und Nachteile? Was würde X dazu sagen?

5. **Konsequenzen:** Was wären die Folgen und Nebenwirkungen? Was, wenn Du falsch liegst?

6. **Meta-Fragen:** Was denkst Du, warum ich diese Fragen stelle? Was könnte ich noch fragen?

6. **Frage nach Feedback:** Suche nach Feedback von anderen, um blinde Flecken in deinem Denken und Verhalten aufzudecken und mögliche Verzerrungen zu identifizieren.

Blinde Flecken sind dabei unbewusste oder übersehene Bereiche in Wahrnehmung, Denken oder Verhalten, die individuelle Urteile und Entscheidungen beeinflussen können, ohne dass die Person sich dessen bewusst ist. Beispielweise übersehen Firmen weniger offensichtliche Bedürfnisse ihrer Kunden oder man nimmt negative Kundenbewertungen nur als Ausreißer wahr, anstatt sie als wertvoll zu erachten. Gerne auch übersehen etablierte Firmen neue Wettbewerber oder man ist sich einer positiven Unternehmenskultur sicher, nur weil keine offenen Kündigungen vorliegen.

7. **Geduld und Übung:** Das Überwinden kognitiver Verzerrungen erfordert Zeit und Übung. Sei geduldig mit dir selbst und bemühe dich ständig, bewusster und kritischer zu denken.

8. **Professionelle Unterstützung:** Wenn du das Gefühl hast, dass bestimmte kognitive Verzerrungen dein Urteilsvermögen stark beeinträchtigen, kann es hilfreich sein, professionelle Unterstützung von einem Coach, Psychologen oder Therapeuten in Anspruch zu nehmen.

Akzeptiere Widerstände

Nur wenige Ideen schaffen es, erfolg-reich umgesetzt zu werden. Wie in einem Filter werden viele Ideen schon sehr früh aussortiert, abgelehnt bzw. behindert. Dies resultiert aufgrund üblicher Widerstände, die regelmäßig zu „Überraschungen" und Schwierig-keiten führen:

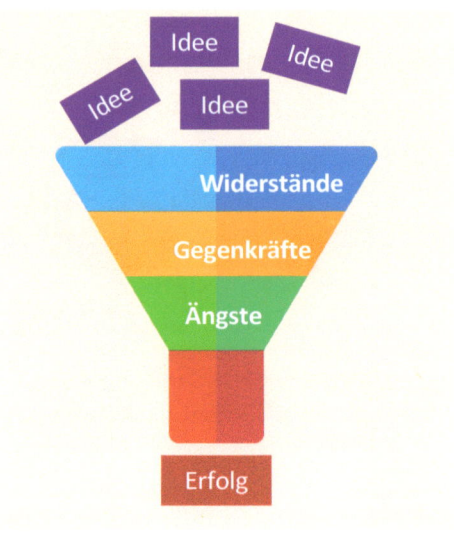

1. **Kulturelle Widerstände:** Wenn eine Idee im Widerspruch zur bestehen-den Unternehmenskultur steht, kann es schwierig sein, sie zu implemen-tieren. Die Organisation selbst, als auch die Mitarbeiter, sträuben sich dann gegen jene Veränderungen, die ihre gewohnten Arbeitsabläufe und Überzeugungen beeinflussen.

2. **Strukturelle Widerstände:** Verkrustete Organisationsstrukturen, bürokratische Prozesse und starre Hierarchien behindern Innovationen.

3. **Mangelnde Unterstützung von Führungskräften:** Wenn das Top-Management nicht hinter den Ideen steht oder keine klare Vision für ihre Umsetzung vermittelt, kann dies den Enthusiasmus und das Engagement der Mitarbeiter dämpfen.

4. **Ressourcenmangel:** Ideen können an mangelnden finanziellen, personellen oder technischen Ressourcen scheitern. Wenn die notwendigen Mittel nicht zur Verfügung stehen, kann die Umsetzung erschwert oder unmöglich gemacht werden.

Abwehrstrategien

Abwehr-, Bewältigungs- bzw. Coping-strategie oder Coping (engl. „to cope with" bewältigen, überwinden) sind Denk- und Verhaltensmuster, die Menschen anwenden, um Auswege aus schwierigen Situationen zu finden und um Belastungen und Stress zu reduzi-eren. Dazu gehören die Verdrängung, die Flucht, die Anpassung und / oder der Kampf.

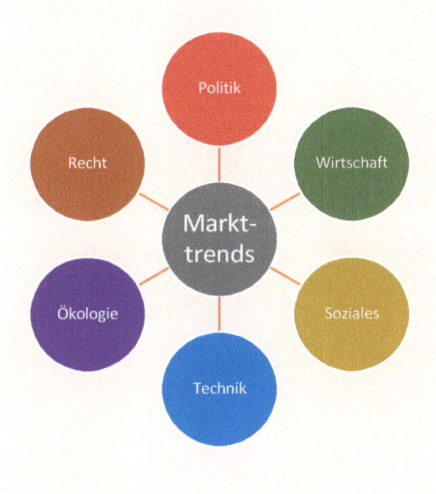

Gerade in größeren Unternehmen gibt es immer wieder Konkurrenz zwischen verschiedenen Ideen und Projekten. Dabei kommt es zu einem Kampf um begrenzte Ressourcen und damit zu internen Spannungen und Widerständen.

5. **Trägheit und Gewohnheit:** Nicht wenige Unternehmen stecken in gewohnten Denk- und Handlungsmustern, was es schwierig macht, neue Ideen zu akzeptieren und umzusetzen.

6. **Marktveränderungen:** Märkte verändern sich dauerhaft, u.a. durch politische, wirtschaftliche, soziale, technische, ökologische und rechtliche Trends. Diese Einflüsse entfalten dabei sowohl positive wie negative Wirkungen. So können staatliche Regulierungen neue Probleme hervorrufen, aber technische Entwicklungen bisherige Prozessprobleme obsolet machen. Die linke Abbildung benennt diese sechs Trends als sog. PESTEL Analyse (Politic, Economy, Social, Technology, Ecology and Legal).

7. **Emotionale Barrieren der Betroffenen:** Nicht selten behindern Mitarbeiter oder Führungskräfte die Umsetzung neuer Ideen, u.a. aus Angst vor negativen Auswirkungen auf ihre Karriere, Position und Macht. Diesen sehr wichtigen Punkt der emotionalen Barrieren behandeln wir auf der nächsten Seite.

Lesetipps

Dietrich Dörner: Die Logik des Misslingens, Hamburg, 2017

Rolf Dubs: Das St. Galler Management Modell, Linz, 2012

Lebe mit emotionalen Barrieren

Emotionen sind komplexe psychophy-
sische Reaktionen, die jeder von uns
aufgrund der evolutionären Entwicklung und biologischen Struktur ganz
natürlich erlebt. Sie dienen als grund-
legende Mechanismen zur Bewertung
von Situationen, ermöglichen die Kommunikation von Bedürfnissen und
spielen eine entscheidende Rolle bei
der Entscheidungsfindung sowie Lösung
von Problemen.

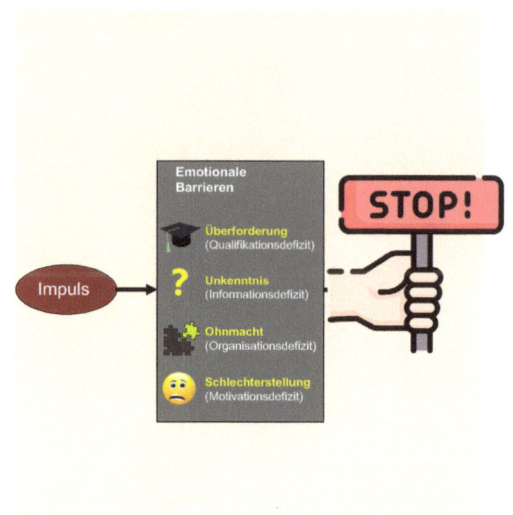

Bei Veränderungen, wie neuen Arbeitsabläufe, Methoden oder Materialien
etc., wirken auf die Betroffenen gerne
vier emotionale Barrieren. Sie führen zu
einer mehr oder weniger offenen Ablehnung der Maßnahmen:

1. **Überforderung:** Neue Aufgaben oder
   Funktionen überfordern so manchen
   Betroffenen. Ihnen fehlen an vielen
   Stellen die notwendigen sozialen und
   fachlichen Kompetenzen, um mit den
   neuen Situationen umzugehen.

2. **Unkenntnis:** Wie soll jemand für
   Veränderungen offen sein, wenn er
   gar nicht die Gründe hierfür bzw. die
   möglichen Konsequenzen bei Nicht-
   Umsetzung kennt?

3. **Ohnmacht:** Angefangen bei einer
   fehlenden Unterstützung vom Top-
   Management, fehlenden Budgets
   oder Mitarbeitern, erleben jene
   Personen das Gefühl der Ohnmacht,
   die zwar etwas bewegen wollen bzw.
   sollen, doch die eigene Organisation
   nichts dergleichen unterstützt.

Emotionen

Emotionen entstehen aus einer Kombination von neurochemischen Prozessen, die im Gehirn ablaufen, sowie
sozialen und kulturellen Einflüssen, die
die individuelle Wahrnehmung und
Reaktion auf Umweltreize beeinflussen.
Aufgrund dieser tief verwurzelten biologischen und sozialen Verbindungen
sind Emotionen eine unvermeidbare
und natürliche Erfahrung, die das
menschliche Verhalten prägen.

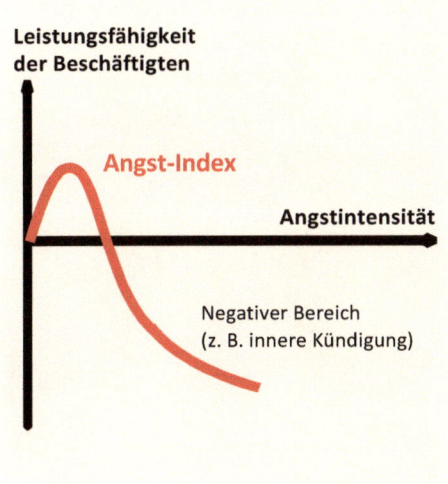

Leistungsfähigkeit der Beschäftigten

Angst-Index

Angstintensität

Negativer Bereich
(z. B. innere Kündigung)

Emotionen und Ängste

Die genannten emotionalen Barrieren wirken häufig als Auslöser für Ängste. Ängste bezeichnen einen Zustand, in dem man sich vor jemanden oder etwas fürchtet. Dabei gehört Angst zu unserem Leben, auch zum beruflichen Umfeld. Nur wer eine grundsätzliche Sorge um den Verlust der Wettbewerbsfähigkeit oder vor Arbeitsunfällen hat, bleibt aufmerksam und offen für Veränderungen. Doch kann die Angst bei zu hoher Intensität ins Negative umschlagen. Es folgen bei den Betroffenen Abwehrmechanismen, innere Kündigung oder gar Aggressionen bis hin zu psychosomatischen Leiden. Der „Preis der Angst" für Unternehmen sind Einbußen in der Produktivität, der Kooperationsfähigkeit und letztlich der Innovationskraft.

4. Schlechterstellung: Die Sorge, dass eine Neuerung für einen selbst einen Nachteil darstellt, ist sicherlich die größte emotionale Barriere. Hier geht es um den möglichen Verlust von Einfluss, Prestige bzw. Macht.

Ist man sich dieser vier Barrieren bewusst, kann man (1) damit besser umgehen, (2) bewertet man selbst eine Situation viel weniger emotional und (3) ist damit offen für eine konstruktive Problemlösung.

Hier einige kurze Tipps, um diese vier emotionalen Barrieren zu begleiten bzw. gar aufzulösen?

1. Sensibilisierung: Finde die Balance zwischen Information und Zurückhaltung, denn zu viele Daten können ebenfalls verwirren und erst recht verängstigen.

2. Schulung: Neben der reinen Kommunikation braucht es vor allem ganz konkrete soziale und fachliche Kompetenzen und Qualifikationen.

3. Vorleben: Nicht nur darüber reden, sondern dieses auch selbst machen. Erst dann ist man glaubwürdig.

4. Überzeugen: Am wichtigsten ist bei Veränderungen immer der Beweis, dass es (1) Lösungen gibt und (2) diese vom Vorteil sind. Unter dem Motto „Think big, start small & move fast" zeigen wir gleich eine konkrete Vorgehensweise zur Generierung schneller Erfolge.

Verstehe Veränderungstypen

Auch basierend auf den emotionalen Barrieren, reagieren Menschen bei Veränderungen ganz unterschiedlich. Sechs Veränderungstypen lassen sich üblicherweise klassifizieren, deren Kenntnis bereits bei schwierigen Projektsituationen helfen:

1. **Visionär:** Der Visionär inspiriert seine Umgebung mit Impulsen und Ideen, ohne unbedingt diese selbst auch umsetzen zu wollen bzw. zu können.

2. **Förderer:** Seine Stärke liegt in der Umsetzung jener Ideen, die ein Visionärs aufgebracht hat. Förderer sind intrinsisch motiviert, Probleme aktiv zu lösen und Ideen umzusetzen.

Nur wenige Menschen übernehmen in Projekten oder Veränderungen diese beiden Rollen. Die Mehrzahl der von Veränderungen betroffenen Personen (Schätzungen zufolge zwischen 70 und 80 Prozent aller Betroffenen) teilen sich vielmehr in positive Mitmacher oder in abwartende Skeptiker auf.

3. **Mitmacher:** Vertreter dieses Typus machen einfach mit - ohne viel darüber nachzudenken - da sie bisher vorwiegend gute Erfahrungen in ähnlichen Situationen gesammelt bzw. keine eigenen Präferenzen haben.

4. **Skeptiker:** Abwartende Skeptiker prüfen zuerst einmal die Ausgangslage und warten ab, ob die angedachte Veränderung wirklich einen Vorteil bringt.

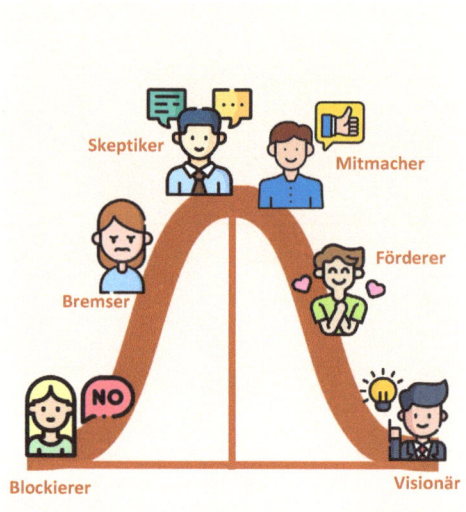

Umgang mit Veränderungstypen

Unter dem Motto „Think big, start small & move fast" zeigen wir gleich eine konkrete Vorgehensweise, wie man mit dieser Normalverteilung der Veränderungstypen umgehen kann. Die Grundidee ist dabei, mit den wenigen Visionären und Förderern anzufangen. Mit ihnen generiert man die ersten Erfolge, die die Mitmacher und Skeptiker überzeugen und damit auch einbinden.

	Verbal (Reden)	Non-Verbal (Verhalten)
Aktiv (Angriff)	**Widerspruch** • Gegenargument • Vorwürfe • Drohungen • Polemik • Formalismus	**Aufregung** • Unruhe • Streit • Intrigen • Gerüchte • Cliquenbildung
Passiv (Flucht)	**Ausweichen** • Schweigen • Bagatellisieren • Blödeln • Unwichtiges debattieren	**Lustlosigkeit** • unaufmerksam • Müdigkeit • Fernbleiben • Innere Kündigung • Krankheit

Gesetz der Wenigen

Der Grundgedanke, mit wenigen eine Problemlösung anzugehen, um dann mit dem fortschreitenden Erfolg mehr Personen einzubinden, stammt von Malcom Gladwell aus dem Jahr 2002 und seinen Bestseller „The Tipping Point: How Little Things Can Make a Big Difference" . An der Verbreitung von Modetrends aber auch (sozialer) Epidemien zeigte er, dass Veränderungen durch vermeintlich irrelevante Kleinigkeiten gestartet werden, sich aber dann lawinenartig zu einem gesellschaftsübergreifenden und zügig wachsenden Trend entwickeln. Jener Punkt, an dem eine Idee, ein Trend oder eine soziale Verhaltensweise eine Grenze überschreitet, kippt und sich wie ein Lauffeuer verbreitet, nennt Gladwell den Tipping Point (deutsch vielleicht „Kipp-Punkt" oder „Umkipp-Punkt").

Die Mehrzahl der Betroffenen sind also eher passiv und abwartend, was aber gar nicht direkt negativ ist. Denn diese beiden Gruppen lassen sich passiv in die Problemlösung einbinden und sind nicht pro-aktiv ablehnend eingestellt. Allerdings darf man von diesen Mitwirkenden auch keine eigenen Impulse zur Problemlösung erwarten.

Am linken Ende der Reaktionsseite finden sich dann - mit einer ähnlichen Häufigkeit wie bei den Förderern und Visionären - die (passiven) Bremser oder gar aktiven Blockierer.

5. Bremser: Ein Bremser äußert mehr oder weniger offen seine Zurückhaltung gegen eine Neuerung.

6. Blockierer: Hier dominiert die eindeutige Ablehnung gegen eine Veränderung.

Gerade die beiden letzten Personengruppen verursachen Konflikte bei der Problemlösung, wobei die Verhaltensmuster gemäß der linken Abbildung sehr unterschiedliche sind: von offen ausgetragenen Diskussionen, Killerphrasen oder Angriffen unter der Gürtellinie, gehen die Reaktionen nicht selten in versteckte, nonverbale Handlungen wie das Stiften von Unruhe oder gar Initiieren von Intrigen.

Versetze Dich in Dein Gegenüber

Um die zentralen Leistungsträger (wie Visionäre und Förderer) optimal in eine Problemlösung einzubinden, benötigt es Empathie. Folgende sog. **Empathie-Übungen** aus dem Desgin Thinking sollen dazu dienen, sich in die Lage der Nutzer zu versetzen, um ihre Gefühle, Motivationen und Herausforderungen besser zu verstehen:

1. **Aktives Zuhören:** Konzentriere dich darauf, wirklich zuzuhören, was die andere Person sagt, ohne zu unterbrechen oder voreilige Schlüsse zu ziehen. Achte auf ihre Worte, Körpersprache und Emotionen.

2. **Spiegelung:** Wiederhole oder paraphrasiere ab und zu die Aussagen des Gegenübers, um zu zeigen, dass du ihre Perspektive verstehst und ernst nimmst.

3. **Perspektivenwechsel:** Stelle dir vor, wie es wäre, in den Schuhen der anderen Person zu stehen und ihre Lebensumstände, Erfahrungen und Gefühle zu erleben.

4. **Offene Fragen stellen:** Stelle offene Fragen, um mehr über die Gefühle, Bedürfnisse und Gedanken des Gegenübers zu erfahren und so eine tiefere Verbindung herzustellen.

5. **Empathieauslöser:** Finde Gemeinsamkeiten oder vergleichbare Erfahrungen, um ein besseres Verständnis für das Gegenüber zu entwickeln.

Empathie

Empathie ist die Fähigkeit, die Gefühle, Gedanken und Perspektiven anderer Menschen nachzuempfinden und zu verstehen, und sie ist wichtig, weil sie zwischenmenschliche Beziehungen stärkt, Konflikte reduziert, Mitgefühl fördert und die Grundlage für effektive Kommunikation und Zusammenarbeit bildet.

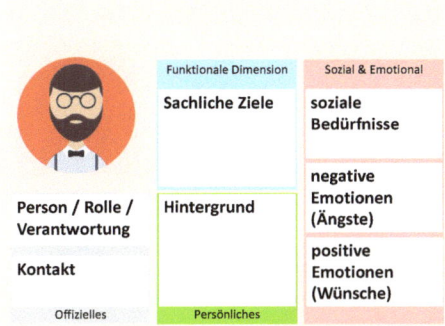

	Funktionale Dimension		Sozial & Emotional
	Sachliche Ziele		soziale Bedürfnisse
Person / Rolle / Verantwortung	Hintergrund		negative Emotionen (Ängste)
Kontakt			positive Emotionen (Wünsche)
Offizielles	Persönliches		

Persona-Profil

Persona-Technik

Die Erkenntnisse aus den Gesprächen können in fiktiven Personenprofilen (sog. Personas) eingefügt werden, um so eine genaue Übersicht darüber zu schaffen, welche Personen was, warum, wie, wann und wo wünschen bzw. für die Problemlösung benötigen. Diese als Persona-Technik bekannte Methode aus dem Marketing und Design hilft sehr gut, seine Zielpersonen (Kunden, Kollegen etc.) besser zu verstehen.

Wie in der obigen Abbildung dargestellt, beinhaltet ein Persona-Profil sachliche Ziele (wie Erwartungshaltung, Vorgaben) und Hintergrundinformationen (wie Alter, Ausbildung, Werte, Hobbies), aber auch soziale Bedürfnisse (wie Teamzugehörigkeit, Anerkennung), mögliche negative Emotionen (wie Angst vor Überforderung, Ohnmacht, Unkenntnis oder Verlusten) und positive Emotionen (wie der Wunsch nach Karriere, Sicherheit, Stimulanz und Dominanz).

6. **Beobachtung ohne Urteile:** Versuche, ohne Vorurteile oder vorschnelle Beurteilungen auf das Verhalten oder die Aussagen des Gegenübers zu reagieren.

7. **Achtsamkeit:** Sei im Moment präsent und aufmerksam, um die Bedürfnisse und Emotionen des Gegenübers wahrzunehmen.

8. **Mitgefühl entwickeln:** Stelle dich offen und mitfühlend gegenüber den Herausforderungen und Schwierigkeiten des Gegenübers, ohne sie zu bewerten oder abzuwerten.

9. **Einfühlungsvermögen trainieren:** Übe dich in der Empathie, indem du bewusst auf zwischenmenschliche Beziehungen und die Emotionen anderer achtest.

Indem du diese Techniken anwendest, kannst du deine Fähigkeit zur Empathie stärken und dich besser in die Position eines Gegenübers versetzen, was zu einer verbesserten zwischenmenschlichen Kommunikation, Beziehung und vor allem Problemlösung führt.

Lass uns träumen

Probleme löst man nicht nur durch sachliche Diskussionen, sondern vor allem mit Hilfe gemeinsamer Träume und Sehnsüchte. Egal wo: Es geht immer um Emotionen! Was habe ich davon (Spaß, Wissen, Macht, Geld)? Warum soll ich dir bei einer Problemlösung helfen?

Alle von einem Problem betroffenen Personen haben Sehnsüchte und wollen – mehr oder weniger bewusst – von Emotionen und Sehnsüchten „gepackt" werden („think big"). Dieses Träumen ermöglicht es uns, über die Grenzen des Vorstellbaren hinauszugehen und neue Perspektiven zu gewinnen. Wir finden neue Lösungsansätze, die sonst möglicherweise übersehen worden wären. Es öffnet die Tür zu inspirierenden Ideen und gibt uns die Motivation, unsere Ziele zu verfolgen und Herausforderungen mit einem optimistischen Blick anzugehen. Hierbei helfen diese Maßnahmen:

Think Big

1. **Freies Assoziieren:** Lasse deinen Gedanken freien Lauf und verbinde scheinbar unzusammenhängende Ideen miteinander. Spiele mit deiner Vorstellungskraft und betrachte das Problem aus verschiedenen Blickwinkeln.

2. **Brainstorming:** Sammle bewusst eine Vielzahl von Ideen, ohne sie sofort zu bewerten. Ermutige dich und andere, wild und unkonventionell zu denken. Lass alle Ideen zu und betrachte auch die verrückten oder ungewöhnlichen Ansätze.

Bedeutung von Träumen

Träume sprechen eine breite Palette von Emotionen an, da sie eng mit den tiefsten Wünschen, Sehnsüchten aber auch Ängsten der Menschen verbunden sind. Zu den positiven Emotionen gehören Freude und Glück (wie private oder berufliche Erfolge), Liebe und Romantik, Abenteuer und Neugier (wie Aufregung und Abwechselung) sowie Erfüllung und Sinn (wie Befriedigung und persönlicher Lebenszweck).

3. Träumen: Stell dir bewusst mal vor, wie man bei der Problemlösung sogar noch die Welt verbessern kann.

4. Visualisierung: Male ein Bild in deinem Kopf oder erstelle Skizzen oder Diagramme, die deine Vorstellung zum Ausdruck bringen. Visualisierung kann helfen, neue Perspektiven zu gewinnen und kreative Lösungen zu finden.

5. Externe Inspiration: Lasse dich von verschiedenen Quellen inspirieren, wie z.B. Kunst, Musik, Literatur oder Natur. Betrachte andere Disziplinen oder beobachte, wie andere Menschen mit ähnlichen Herausforderungen umgehen.

6. Offene Diskussionen: Teile deine Gedanken und Ideen mit anderen, sei es in informellen Gesprächen oder in formellen Meetings. Durch den Austausch von Ideen können neue Denkanstöße entstehen und andere können dich auf neue Perspektiven hinweisen.

7. Zeit zum Nachdenken und Entspannen: Schaffe bewusst deine eigenen Momente der Ruhe und Entspannung, in denen du deinem Geist erlaubst, abzuschalten und sich treiben zu lassen. Oft entstehen die besten Ideen in solchen Momenten der Stille.

Schaffe die Sehnsucht nach ...

„Wenn Du ein Schiff bauen willst, so trommle nicht Männer zusammen, um Holz zu beschaffen, Werkzeuge vorzubereiten, Aufgaben zu vergeben und die Arbeit einzuteilen, sondern lehre die Männer die Sehnsucht nach dem weiten endlosen Meer" (Antoine de Saint-Exupéry).

Sei kreativ

Kreativität bezeichnet die Fähigkeit, originelle Ideen, Konzepte oder Lösungen zu generieren, die neuartig, nützlich und angemessen sind. Da es ein komplexer Prozess ist und von Person zu Person variieren kann, gibt es zwar keine eindeutige Anleitung um kreativ zu werden, doch können einige Strategien die Kreativität fördern:

1. **Offenheit und Neugier:** Sei offen für neue Erfahrungen und Ideen und stelle neugierige Fragen, um deinen Geist für verschiedene Möglichkeiten zu öffnen.

2. **Vielfalt von Wissen:** Sammle Wissen und Erfahrungen aus verschiedenen Bereichen, denn sie sind eine reiche Quelle für die Verknüpfung von Ideen.

3. **Kombination und Verknüpfung:** Bringe unterschiedliche Ideen und Konzepte zusammen, um neue Verbindungen herzustellen und neue Perspektiven zu gewinnen.

4. **Herausforderung von Annahmen:** Hinterfrage bestehende Annahmen und Denkmuster, um neue Wege des Denkens zu entdecken.

5. **Zeit für Reflexion:** Gönn dir Zeit zum Nachdenken und Entspannen, da Kreativität oft in ruhigen und ungestörten Momenten entsteht.

Kreativität

Kreativität bedeutet das Ausbrechen aus etablierten Mustern und Dogmen, um Dinge auf eine andere Weise sehen zu können. Der Begriff selbst hat seine Wurzeln im lateinischen Wort "creare", was so viel wie "erschaffen" oder "zeugen" bedeutet. Der Begriff wurde im 19. Jahrhundert aus dem lateinischen Wort abgeleitet, als die Ideen der kreativen Schöpfung und Innovation zunehmend Beachtung fanden.

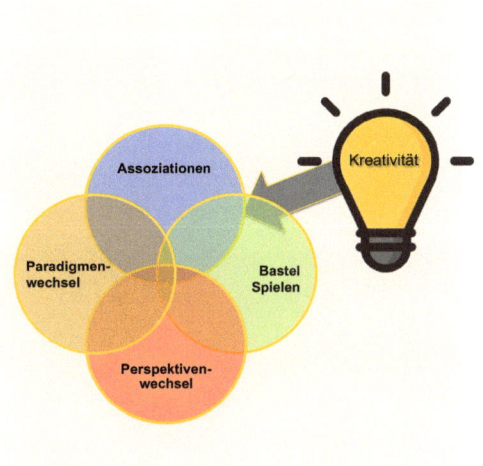

6. Fehler akzeptieren: Sei bereit, Fehler zu machen und aus ihnen zu lernen, denn sie enthalten oft wertvolle Lektionen und treiben den kreativen Prozess voran.

7. Kreative Techniken: Experimentiere mit verschiedenen kreativen Techniken wie Brainstorming, Mind Mapping, Walt Disney, Moonshot Thinking usw., um deine Ideen zu entwickeln.

8. Engagement und Ausdauer: Bleib engagiert und lass dich nicht von Rückschlägen entmutigen, denn Kreativität erfordert oft Zeit und Mühe.

Indem du diese Prinzipien in deinen Alltag integrierst und deine Denkweise bewusst erweiterst, kannst du nicht nur deine Kreativität stärken und neue Ideen entwickeln, sie helfen auch bei der Findung von notwendigen Visionen, als Basis zur Problemlösung innerhalb von Teams.

Wenn du dich intensiver mit den unterschiedlichen Prinzipien und Methoden zur Ideenfindung und der Kreativitätslehre beschäftigen willst, dann schau doch mal in den Ratgeber „Sei kreativ! – Ideenfindung leicht gemacht".

Lesetipp

Marcus Disselkamp: Sei kreativ! – Ideenfindung leicht gemacht, München, 2023

Management Ratgeber

Sei kreativ!
Ideenfindung leicht gemacht

Marcus Disselkamp

Schaffe und lebe eine Vision

Think Big bedeutet vor allem: Lebe Visionen! Wie aber findet man seine Vision als Unternehmen, als Einheit oder Projektteam? Eine der möglichen Techniken ist der Visionsdreiklang. Dieser sucht nach dem „Sweet Spot" (also der Schnittmenge) der drei Felder „Kernkompetenzen", „Nachfrage" und „wahre Leidenschaft".

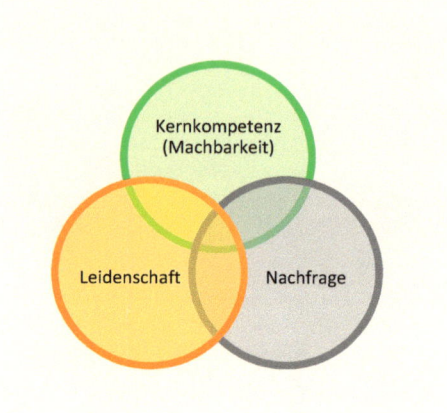

1. Eine **Kernkompetenz** einer Firma oder Person ist eine herausragende Fähigkeit, Ressource oder Expertise, die sie von anderen abhebt und einen entscheidenden Wettbewerbsvorteil zur Wertschöpfung in ihrer jeweiligen Branche oder Funktion bietet. Mit der Kernkompetenz verbindet sich zusätzlich die Frage nach der Machbarkeit, da diese meist von nötigen Kompetenzen abhängig ist.

2. Suche deine Vision nicht für ein Umfeld bzw. einen Markt, für den es keine oder nur sehr wenig **(wirtschaftliche) Nachfrage** gibt. Denn was bringt es dir, beruflich ein Dolmetscher für eine Fremdsprache sein zu wollen, wenn es in deiner Region hierfür überhaupt keine zahlenden Kunden gibt?

3. Kommen wir aber zum dritten, wichtigsten Punkt in der Sweet Spot Analyse: der **"wahren" Leidenschaft**: Dies ist eine tief verwurzelte, innere Anziehung und Hingabe zu einer Aktivität, einem Ziel oder einem Interessensbereich, die anhaltende Begeisterung und Engagement fördert. Und hier sind wir wieder bei der Sehnsucht von Seite 25!

Vision weckt Emotionen!

Eine Vision drückt die gemeinsame Sehnsucht aus, den die Leistungsträger bei der Problemlösung erreichen wollen. Sie beschreibt als Leitstern das gewünschte Endziel oder den herausfordernden Zustand, den man sehr gerne erreichen will. Die Vision (1) legitimiert als Leitfaden strategische Entscheidungen und Handlungen, sie (2) orientiert und verbindet dank einer gemeinsamen Ausrichtung, sie (3) motiviert mittels eines intensiven Gefühls der Sinnhaftigkeit und sie (4) inspiriert durch das Aufzeigen neuer Möglichkeiten und Chancen.

Schatzkiste der Problemlösungen

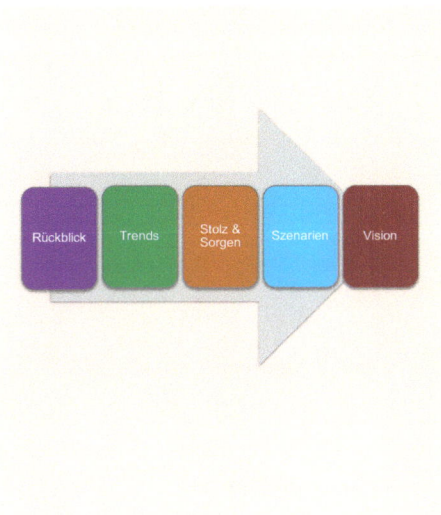

Eine zweite Technik zur Visionsfindung ist die **Zukunftskonferenz**. In fünf Phasen erarbeiten die Teilnehmer hier eine gemeinsame Vision:

1. **Status Quo:** Zuerst wird mittels eines Rückblicks eine Bestandsaufnahme der aktuellen Situation vorgenommen. Dabei wächst das nötige Gemeinschaftsgefühl als Grundlage für alle weiteren Phasen.

2. **Trends:** Danach folgt die Analyse des zukünftigen Marktes unter Berücksichtigung aller zentralen externen Trends sowie der möglichen Reaktionen der betroffenen Stakeholder.

3. **Stolz & Sorgen:** Es wird analysiert, worauf die Organisation heute schon stolz sein kann, was bereits besonders gut funktioniert, aber auch worüber sich die Teilnehmer Sorgen machen.

4. **Szenarien:** Nun entstehen mögliche Zukunftsszenarios anhand bildhafter, lebendiger Vorstellungen (z.B. mit Collagen oder „Briefen aus der Zukunft").

5. **Vision:** Schlussendlich wird auf Grundlage der Zukunftsszenarios eine gemeinsame Zukunftsvision entwickelt. Die unterschiedlichen Szenarios werden auf realisierbare Gemeinsamkeiten geprüft, um am Ende eine Vision zu finden, mit der sich die Mehrheit der Teilnehmer identifizieren kann.

Vision und Mission

Visionen beschreiben ein gemeinsames Wunschbild, sozusagen den „Sehnsuchtsort", wohin sich eine Organisation entwickeln möchte. Sie sollten in möglichst wenige Worte gefasst und im Präsens formuliert werden. Demgegenüber sagt eine Mission aus, warum es etwas (wie Firma, Projektteam) überhaupt gibt. Daraus ergibt sich auch der Unterschied im Adressaten: Während die Vision vor allem dazu dient, die Mitarbeiter hinter einem Ziel zu versammeln, richtet sich die Mission eher an Kunden sowie externe Stakeholder.

Fange klein an

Allen modernen, agilen Projektmanage-
mentmethoden ist gemein, dass sie mit
kleinen Schritten anfangen, anstelle
gleich nach der maximalen, perfekten
Lösung zu trachten. Egal ob Scrum, Lean
Startup, Desgin Thinking etc., stets ist
der Fokus auf Schnelligkeit, Wendigkeit
und Flexibilität. Mehrere Prinzipien
spielen dabei eine wichtige Rolle:

1. **Iterationen (Sprints):** Der Prozess zur
   Problemlösung oder Entwicklung von
   Innovationen wird in aufeinander-
   folgende und zeitlich begrenzte
   Phasen (sog. Iterationen, also gleich
   langen, kurzen Zeitabschnitten aufge-
   teilt), die als Sprints bezeichnet
   werden. Jede Iteration dauert norma-
   lerweise wenige Wochen und um-
   fasst gleichzeitig die Planung, Entwicklung, Testing und Bewertung.

2. **Inkremente:** Innerhalb jeder Iteration
   wird die (Problem-) Lösung nachweiß-
   bar weiterentwickelt (z.B. in Form
   einer funktionsfähigen Produktstufe).
   Das bedeutet z.B., dass nach jeder
   Iteration ein neues, erweitertes oder
   verbessertes Produktteil bereitsteht.

3. **Priorisierung von Aufgaben:** Die
   Arbeit wird eindeutig nach Prioritäten
   organisiert, um sicherzustellen, dass
   die wichtigsten Aspekte der Problemlösung zuerst entwickelt werden.

4. **Flexibilität und Anpassungsfähigkeit:**
   Wichtig ist es, auf Änderungen in den
   Anforderungen oder Umständen
   schnell zu reagieren und den Entwick-
   lungsprozess kurzfristig anzupassen.

Agilität

Die Kernaussage der Agilität besteht
darin, dass flexibles Vorgehen und
kontinuierliche Anpassung wichtiger
sind als starre Pläne. Es geht darum,
schnell auf Veränderungen zu reagieren,
eng mit Kunden zusammenzuarbeiten
und iterativ voranzuschreiten, um
wertvolle Ergebnisse zu liefern. In dem
sog. agilen Manifest von 2001 (siehe
https://agilemanifesto.org) wurden die
folgenden Prinzipien formuliert: Wir
schätzen individuelle Interaktionen und
Zusammenarbeit mehr als Prozesse und
Werkzeuge, funktionierende Software
mehr als umfassende Dokumentation,
Kundenzusammenarbeit mehr als
Vertragsverhandlungen und Anpassungsfähigkeit an Veränderungen mehr
als das Befolgen eines starren Plans.

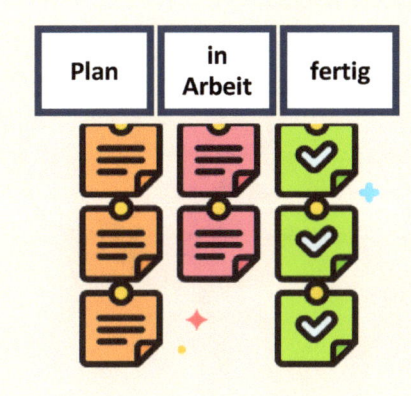

Kanban Board

Kanban, 2007 von David J. Anderson entwickelt, ist ein visuelles Instrument zur Steuerung von Projekten. Die Methode fußt auf dem klassischen Lean-Management-Ansatz. Der Begriff „Kanban" setzt sich aus den beiden japanischen Begriffen „Kan" (Signal) und „Ban" (Karte) zusammen. Damit beschrieb Kanban im Lean Management die Nachbestellung von Waren in jenem Moment, wenn ein Mindestpuffer erreicht war. Im agilen Projektmanagement erhält nun jede Aufgabe eines (Teil-)Projektes eine (reale oder elektronische) Karte, die einer bestimmten Entwicklungsstufe zugeordnet wird. Erst wenn ein Arbeitsteam eine frühere Aufgabe erledigt hat, holt es sich selbstständig die nächste Aufgabe aus dem jeweils vorgelagerten Aufgabenpool.

5. Kontinuierliches Feedback:
Regelmäßiges Feedback von Kunden, Stakeholdern und Teammitgliedern ist ein integraler Bestandteil des agilen Prozesses, um Anpassungen und Verbesserungen vorzunehmen

6. Transparente Kommunikation:
Offene und transparente Kommunikation innerhalb des Teams und mit allen Beteiligten fördert das Verständnis der Anforderungen und fördert die Zusammenarbeit.

Ein gutes Instrument zur transparenten Steuerung von Projekten (zur Problemlösung bzw. Innovation) ist der Einsatz eines Kanban Boards (siehe Abbildung). In der einfachsten Form bildet die linke Seite einer dreispaltigen Tabelle alle anstehenden Aufgaben ab, die mittlere Spalte stellt alle gerade aktiven Karten dar und die rechte Spalte alle fertiggestellten Aufgaben. Basierend auf dieser Transparenz, werden die aktuell stattfindenden Arbeiten mit Blick auf die (realistische) Umsetzbarkeit priorisiert.

Zentraler Aspekt ist die Limitierung der Anzahl von Aufgabenkarten pro Stufe! Nach dem Kanban-Grundgedanken darf man nur dann eine Aufgabe ziehen, wenn man diese tatsächlich abarbeiten kann, also die früheren Aufgaben erfolgreich abgeschlossen und weitergegeben werden konnten oder darüber hinaus noch freie Zeitressourcen vorhanden sind.

Priorisiere und delegiere

Will man ein Problem lösen, dann zählt am Ende nur der erfolgreiche Projektabschluss. Um sich dabei nicht zu Verzetteln, braucht es klare Prioritäten. Diese tragen dazu bei, Engpässe zu vermeiden, die Produktivität zu steigern und die Chancen auf langfristigen Erfolg zu maximieren. Zur Priorisierung empfehlen sich diese Schritte:

1. **Übersicht erstellen**: Erstelle eine Liste mit allen Projektbestandteilen, die erledigt werden müssen. Im Kanban Board wäre dies das ganz linke Feld „Plan".

2. **Wichtigkeit bewerten:** Bewerte die Wichtigkeit jedes Bestandteils und ordne ihnen eine Prioritätsstufe zu.

3. **Dringlichkeit bewerten**: Berücksichtige auch die Dringlichkeit jeder Aufgabe und beurteile, wie schnell sie erledigt werden muss.

4. **Vergleiche die Aufgaben** anhand ihrer Wichtigkeit und Dringlichkeit und ordne ihnen entsprechende Prioritäten zu.

5. **Konzentriere dich** zuerst auf die Aufgaben mit hoher Wichtigkeit und Dringlichkeit, da sie oberste Priorität haben.

6. **Bearbeite anschließend** die Aufgaben mit hoher Wichtigkeit, aber niedriger Dringlichkeit.

Wichtigkeit und Dringlichkeit

Der Unterschied zwischen "wichtig" und "dringend" liegt darin, dass etwas als "wichtig" betrachtet wird, wenn es einen hohen Einfluss auf langfristige Ziele oder den Gesamterfolg hat, während "dringend" bedeutet, dass eine Aufgabe sofortige Aufmerksamkeit erfordert oder eine Deadline hat.

	dringend	nicht dringend
wichtig	Jetzt direkt umzusetzen! (siehe Punkt 5)	Berücksichtigen aber auf später terminieren (siehe Punkt 6)
nicht wichtig	Delegieren? (siehe Punkt 7)	Nicht zu berücksichtigen (siehe Punkt 8)

7. **Delegation:** Überlege, ob bestimmte Aufgaben delegiert oder verschoben werden können, insbesondere solche mit hoher Dringlichkeit und niedriger Wichtigkeit.

8. **Eliminieren:** Prüfe, ob jene Themen nicht komplett aus der Aufgabenliste genommen werden können, die weder dringend noch wichtig sind.

9. **Konsequenz:** Halte deine Prioritäten klar und kommuniziere sie offen an das Team, um eine effiziente Zusammenarbeit sicherzustellen.

10. **Kontrolle:** Überprüfe regelmäßig deine Prioritäten, um sicherzustellen, dass sie weiterhin den Anforderungen des Projekts entsprechen.

11. **Flexibilität:** Bleibe flexibel und bereit, deine Prioritäten anzupassen, falls sich die Projektumstände ändern

Die in der Abbildung dargestellte sog. **Eisenhower Matrix**, auch bekannt als Prioritätenmatrix, ist eine nützliche Methode, um Projektbestandteile zu planen und ihre Priorität festzulegen. Sie wurde von Stephen Covey (siehe Lesetipp) entworfen, ohne sie jemals so zu nennen. Vielmehr resultiert der Bezug auf eine Rede des früheren US-Präsident Dwigth D. Eisenhower von 1954 in dem er sagte „I have two kinds of problems, the urgent and the important. The urgent are not important, and the important are never urgent."

Lesetipp

Covey Stephen R.: Die 7 Wege zur Effektivität, Offenbach, 2019

Spiele Poker

Die agile Methode „Scrum" kennt eine einfache, sehr pragmatische Methode zum Priorisieren von Aufgaben: das **Planning Poker**. Es ist eine von der Firma Mountain Goat Software entwickelte, spielerische Technik zur konsensbasierten Schätzung von Arbeitsaufwand anhand von (Poker-) Karten mit numerischen Werten (sog. Story Points) von 0, 1, 2, 3, 5, 8, 13, 20, 40 bis 100 (sog. Fibonacci-Reihe – siehe rechts).

1. **Aufgabenstellung:** Gestartet wird mit der Frage des Product-Owners (also des wirtschaftlich verantwortlichen Machtpromotors von Seite 50), wie viel Zeit eine Anforderung braucht.

2. **Aufwandsschätzung:** Im Anschluss sucht jeder Teilnehmer der Schätzrunde eine Karte aus seinem Kartendeck aus, von der er annimmt, dass sie die passende zeitliche Größenordnung der Aufgabe darstellt. Die Karte legt er verdeckt vor sich hin und deckt sie dann mit allen anderen gleichzeitig auf. Weichen die Schätzungen weit voneinander ab, begründen vor allem jene Experten ihre Meinung, deren Werte am meisten voneinander abweichen, während sich die Teilnehmer mit den mittleren Werten aus der Diskussion eher heraushalten. Dies schafft nicht nur ein gemeinsames Verständnis über den Leistungsauftrag und die Komplexität, sondern auch Transparenz über unterschiedliche Kompetenzen und Erfahrungen.

Praxistipp

Planning Poker hilft nicht nur bei der Abschätzung von Anforderungen, sondern bietet eine Basis für die Priorisierung im Sinne der Beschleunigung („Move Fast"). Denn was bringt eine Fokussierung auf eine viel zu große, schwerfällige Anforderung, wenn bereits kurzfristigere Erfolge (siehe Seite 40) generiert werden können!

S			M			L		
S	M	L	S	M	L	S	M	L
1	2	3	5	8	13	20	40	100

User Story

User Story

Eine User-Story wäre beispielsweise die Bestellung einer Ware in einem Online-shop mit all den nötigen Prozessschritten und Anforderungen, wie Auswahl, Bestellung, Bezahlung, Bewertung und Reklamation. Es geht um die Fragen: Wer fordert was (Rolle)? Was wünscht der Anforderer (Funktion)? Warum ist das für den Geschäftsfall wichtig (Nutzen)?

Der rote Balken in der obigen Grafik bedeutet, das der maximale Aufwand für eine aktuelle Projektaufgabe (Sprint) maximal den Wert „3" haben darf. Übersteigt der Aufwand diesen Wert, so ist die Aufgabe (User Story) entsprechend zu reduzieren bzw. in mehrere Teilaufgaben aufzugliedern.

Definition of Done

Die eindeutige Definition, was wann zu erledigen ist nennt man in agilen Methoden „Definition of Done (DoD)". Es gilt klare Kriterien zu definieren, wann ein Inkrement als abgeschlossen gilt. Also anstatt "oberflächliche" Wünsche zu äußern, benötigt es eindeutige Anforderungen, was in welcher Phase genau zu machen ist. Dies fördert die Motivation und Effizienz im Projekt.

3. Weitere Schätzungsrunden: Ist die Diskussion abgeschlossen, kommt es zur erneuten geheimen Abstimmung. Diese Schleife wird so lange durchlaufen, bis ein Konsens erreicht wird. Wenn ein Konsens jedoch auch nach mehreren Runden nicht erreicht werden kann, so wechselt Moderator bzw. der Scrum-Master (also der Prozesspromotor von Seite 50) auf ein anderes, dann geeigneteres Verfahren.

Die **Magic-Estimation-Technik** ähnelt dem Planning Poker (und nutzt auch gerne dessen Pokerkarten), bewertet aber nicht eine einzelne Aufgabe nach ihrem Aufwand und ihrer Komplexität, sondern unterschiedliche Aufgaben untereinander. Basis der Bewertungen ist eine sog. User-Story, also eine in Alltagssprache formulierte Nutzergeschichte über die Anforderung eines Anwenders an eine neue Software, ein neues Produkt, einen neuen Prozess oder ein neues Geschäftsmodell.

Baue zuerst Skateboards

Wenn du für einen Kunden eine neue Mobilitätslösung bauen möchtest, dann träumt ihr beide vielleicht direkt von einem Auto, aber der Kunde könnte möglicherweise bereits mit einem Skateboard die ersten erfolgreichen, mobilen Schritte erleben. Das Beispiel (siehe Grafik) wurde von Henrik Kniberg (früher Agile & Lean Coach by Spotify und Lego) entwickelt und schon häufig im Internet als Grafik gezeigt.

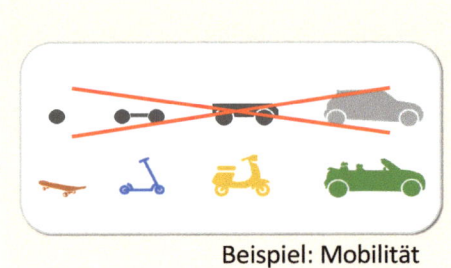

Beispiel: Mobilität

Während die obere Variante den klassischen Ansatz spiegelt, in dem gleich ein Auto definiert wird und nun Schritt für Schritt entsteht, entwickelt der untere, problemlösungsorientierte (agile) Ansatz zuerst ein Skateboard, mit welchem die Kunden bereits erste Mobilitätserfahrung sammeln und Feedbacks geben können. Die Anregungen führen dann zu einem Tretroller, dann zum Motorroller und am Ende entsteht zwar wirklich – wie beim klassischen Ansatz – ein Pkw, aber in Form eines Cabrios.

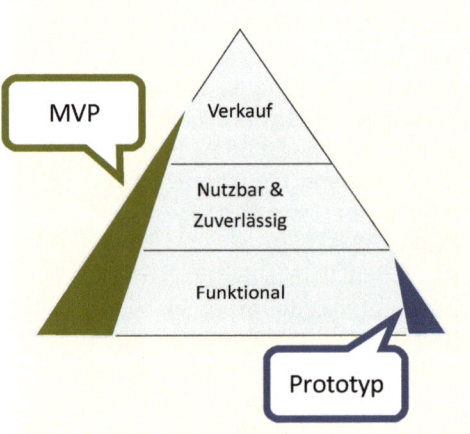

Das Skateboard verdeutlicht in diesem Beispiel ein sog. **Minimum Viable Product (MVP)**, also ein Produkt mit minimal lebensfähigen bzw. brauchbaren Anforderungen. Dieser Ansatz, den Eric Ries 2011 als Bestandteil seiner Lean-Startup-Methode einführte, dient dem agilen Grundgedanken, eine neue Lösung (Produkt, Service, Software etc.) möglichst schnell zu erstellen.

Lean Startup

Der Lean Startup Ansatz von Eric Ries - und seinem Mentor Steve Blank - ist eine Methodik zur Entwicklung von Geschäftsideen und Produkten, die sich durch schnelles Experimentieren, iterative Anpassungen und kontinuierliches Lernen auszeichnet, um effizienter und risikoärmer zum Erfolg zu gelangen. Der Name „Lean Startup" lehnt sich an das Lean Management und die Lean Production an.

Schatzkiste der Problemlösungen

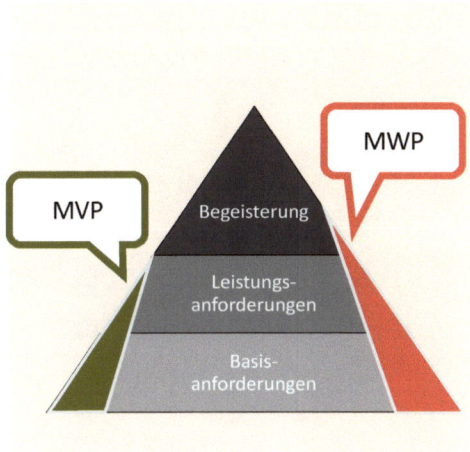

Ein grundlegender Vorteil eines MVPs (z.B. gegenüber einer Vielzahl von Prototypen) ist die Möglichkeit der Monetarisierung. Ein MVP lässt sich bereits an Kunden verkaufen und generieren somit Einnahmen und Liquidität für das Unternehmen. Diese Monetarisierung ist ein wichtiger Aspekt bei der Überwindung von emotionalen Barrieren und Lösen von Problemen: Denn wird erst einmal Geld mit einem neuen Produkt, Markt oder Geschäftsmodell verdient, verstummen all die internen Skeptiker, Bremser und Blockierer.

Menschen wollen begeistert werden! Und hier hilft die Weiterentwicklung des MVPs in Form eines **MWP**s, also eines **minimal wertvollen Produkts**. Denn statt mit dem MVP „nur" ein minimal funktionsfähiges Lösung zu bieten, zielt das MWP bereits auf einen eindeutigen Mehrwert für die Zielpersonen, der sie schon begeistert.

Diese zeitlich frühe Begeisterung ist extrem wichtig für erfolgreiche Lösung eines Problems, da sie die Motivation und Akzeptanz der Betroffenen fördert, die Notwendigkeit für die Lösung des Problems unterstreicht und den Erfolg der endgültigen Lösung beeinflusst.

Begeisterungsfaktoren

Die obige Gliederung dreier (Kunden-) Anforderungen stammt von Noriaki Kano und seinem bekannten Kano-Modell: Kundenzufriedenheit resultiert nicht nur aus den bekannten Leistungsanforderungen eines Produktes, also dem was ein Kunde „offiziell" erwartet. Vielmehr müssen Basis- und Begeisterungsanforderungen erfüllt sein. Im Ratgeber „Sei kompetitiv – Wettbewerbsfähigkeit heute" spielt dieses Modell eine wichtige Rolle. Schau einfach nach.

Lesetipp

Eric Ries: Lean Startup, New York, 2011 sowie sein Mentor Steve Blanks in: https://hbr.org/2013/05/why-the-lean-start-up-changes-everything

Disselkamp M.: Digital Leaders, Offenbach, 2021

Suche Mitstreiter für dein U-Boot

Wie ein aufgetauchtes, aber unscheinbares U-Boot gilt es, ohne viel Aufsehen erste Maßnahmen zur Lösung eines Problems bzw. zur Umsetzung von Innovationen zu starten, um dann mit den kommenden Erfolgen mehr und mehr an Bewusstsein und Transparenz zu schaffen. Beim **U-Boot Prinzip** liegt der Fokus auf kleine Teams (von v.a. Visionären, Förderern und passiven Mitmachern) sowie die geschützte Autonomie der Teams während fester Phasen.

Das U-Boot Prinzip bzw. Strategie hat drei zentrale Besonderheiten:

1. Aufgetaucht, aber nicht zu auffällig!
Da das U-Boot aufgetaucht ist, ist es nicht unsichtbar und geheim – man muss halt nur genau genug hinschauen. Gleichzeitig ist es aber nicht so omnipräsent wie ein Kreuzfahrtschiff oder ein Flugzeugträger. Oder mit anderen Worten: Zuerst wird mit kleinen Projekten gestartet, ohne um diese zu viel Wind zu machen. Denn wer gleich die große „Show" startet, der trifft auf all das Zögern der schon diskutierten Veränderungstypen.

Wichtig ist dabei auch der effektive Umgang mit den Bezugspersonen (Stakeholdern), denn es benötigt richtige Balance zwischen der Einbindung aller Interessen mit dem Fokus auf die Realisation schneller Erfolge. Und das gelingt nicht, wenn ständig alle möglichen Stakeholder in den laufenden Problemlösungsprozess reingrätschen.

U-Boot Prinzip

Während in der klassischen Führungslehre oft der Spruch gilt "alle Betroffenen zu Beteiligten zu machen", geht die U-Boot Strategie einen anderen Weg: Nur die wenigen motivierten und kompetenten Betroffenen sofort mitzunehmen! Wie ein aufgetauchtes, aber unscheinbares U-Boot gilt es, ohne viel Aufsehen erste Maßnahmen zu starten, um dann mit den kommenden Erfolgen mehr und mehr Personen einzubinden.

Schatzkiste der Problemlösungen

Zwei Pizzen bzw. Miller'sche Zahl

Die kleine Teamgröße entspricht nicht nur der Miller'sche Zahl (George A. Miller, 1956), nach der ein Mensch gleichzeitig nur 7 ± 2 Informationseinheiten im Kurzzeitgedächtnis behalten kann bzw. ein Team aus maximal 7 ± 2 Personen bestehen soll. Analog führte schon der Amazon-Gründer Jeff Bezos sehr früh die maximale Teilnehmergröße für interne Teams ein, gemäß derer alle Teammitglieder von maximal zwei Pizzen satt werden sollen. In den USA bedeutet dies bei den doch sehr großen Pizzen eine Obergrenze von ca. acht Personen.

Nicht jeder kommt mit!

Probleme werden nicht gelöst, wenn man immer jeden Wunsch und jeden Betroffenen berücksichtigen muss! Das U-Boot Prinzip sagt auch, dass manche an Land bleiben müssen, also die Konsequenz notwendig ist, zu bestimmten Themen und Personen „Nein" zu sagen.

2. **Kleine Teams:** In das U-Boot selbst lassen wir nur wenige, dafür aber gezielt ausgewählte Personen hinein. Es geht um Klasse vor Masse sowie aktive Mitmacher statt passiver Ignoranten. Wichtig ist auch, dass keine „Notlösungen" und zu viele „Lehrlinge" im U-Boot mitreisen. Vielmehr benötigen wir die richtigen fachlichen und sozialen Kompetenzen statt Blender, Titel und Hierarchien. Konkret bedeutet das, dass ein individuelles Projekt (gerne auch im Rahmen eines größeren Gesamtprojektes) nicht mehr als fünf bis sieben Teilnehmer haben sollte, während weiteren, projektrelevanten Stakeholder von Fall zu Fall (z.B. zu Reviews) eingebunden werden.

3. **Autonomie u. Eigenverantwortung:** Ein U-Boot steuert oft sehr lange sehr einsam durch die Weltmeere, wobei der Kapitän mit seiner Crew ziemlich autonom und eigenverantwortlich handeln muss und soll. Genau das gleiche gilt bei der U-Boot Strategie: In den Projektphasen setzt ein Team selbständig und autonom einen zuvor definierten Plan zur Erreichung eines (Zwischen-) Ziels um. Und genau diese Autonomie ist für den Erfolg einer Teamarbeit extrem wichtig. Ohne störende Impulse von außen (wie Änderungswünsche vom Auftraggeber oder Missachtung vorher vereinbarter Freiräume durch die eigenen Vorgesetzten) gilt es die Arbeit mit Erfolg umzusetzen.

Sei vor allem schnell

Erinnerst du dich noch an das erste Mal beim Skifahren oder beim Erlernen einer neuer Fremdsprache oder Sportart? Hast du Kinder dabei beobachtet, wie sie Laufen oder Schwimmen lernen? In all diesen alltäglichen Tätigkeiten nutzen wir das Prinzip durch Fehler zu lernen sowie schnell weiterzumachen. Es geht um schnelle Erfolge (engl. Quick Wins), auch wenn die ersten Schritte noch nicht perfekt (im Sinne von komplett oder vollumfänglich ist). Vielmehr ist jeder kleine Schritt für sich selbst „perfekt" und motiviert zur Fortsetzung und Verbesserung.

Schnelle Erfolge – und vor allem auch ihre Anerkennung – sind für einzelne Menschen und Teams aus mehreren Gründen wichtig:

1. **Motivation und Engagement:** Die zügige Abfolge von kleinen Erfolgen tragen zur Motivation und zum Engagement der Teammitglieder bei. Wenn ihre Leistungen und Beiträge erfolgreich und anerkannt sind, fühlen sie sich geschätzt und anerkannt, was ihre intrinsische Motivation steigert und sie dazu ermutigt, weiterhin ihr Bestes zu geben.

2. **Teamdynamik und Zusammenarbeit:** Schnelle Erfolge fördern eine positive Teamdynamik und stärken die Zusammenarbeit. Ein Lob für ihre Erfolge stärkt das Gefühl der Zusammengehörigkeit und des Teamgeistes.

Move Fast

Anerkennung

Ein Unternehmen kann schnelle Projekterfolge anerkennen, indem es öffentlich die Leistungen des Teams würdigt, Lob ausspricht und Belohnungen oder Anerkennungen in Form von Bonuszahlungen, Beförderungen oder anderen motivierenden Anreizen bereitstellt. Meistens reicht es auch schon aus, einfach mal mit allen Teammitgliedern zu einem Café, Eis oder einer Pizza zusammen zu treffen und die Leistungen offiziell zu würdigen.

Virus Prinzip

So wie sich ein Virus von einer Person auf eine andere überträgt, so motivieren frühe Projekterfolge ("Quick Wins") die bisher eher passiven Personen (z.B. die abwartenden Skeptiker) nun ebenfalls am Projekt teilzunehmen. Die Bereitschaft zur Teilnahme verbreitet sich also wie ein Virus in der Organisation.

Wettbewerbsfähigkeit dank schneller Erfolge

Durch schnelle Erfolge wird zudem die Wettbewerbsfähigkeit eines Unternehmens direkt gestärkt:

1. **Innovationskraft:** Schnelle Erfolge ermöglichen es einem Unternehmen, innovative Ideen schnell umzusetzen und neue Produkte oder Dienstleistungen auf den Markt zu bringen.

2. **Reaktionsfähigkeit:** Schnelle Identifikation von Markt- und Kundentrends

3. **Kundenbindung:** Dank den Iterationen lernt man besser als jeder Wettbewerb die Bedürfnisse der Kunden kennen, was diese gerne honorieren.

4. **Effizienzsteigerung:** Schnelle Erfolge gehen oft mit einer Verbesserung der internen Arbeitsabläufe und Strukturen einher.

3. **Selbstvertrauen und persönliche Entwicklung:** Die Anerkennung von Erfolgen hilft den Teammitgliedern, ihr Selbstvertrauen zu stärken und an ihre Fähigkeiten zu glauben. Durch die Wertschätzung ihrer Leistungen werden sie ermutigt, ihr Potenzial weiter auszuschöpfen und sich persönlich weiterzuentwickeln.

4. **Arbeitsklima und Mitarbeiterbindung:** Die Anerkennung von Erfolgen trägt zu einem positiven Arbeitsklima bei und fördert die Mitarbeiterbindung. Teammitglieder sind dann eher bereit, dem Unternehmen treu zu bleiben und sich langfristig zu engagieren.

5. **Leistungssteigerung und Zielorientierung:** Schnelle Erfolge und ihre direkte Anerkennung schafft ein Umfeld, das Leistungssteigerung und Zielorientierung fördert. Es entsteht ein Anreiz, sich kontinuierlich zu verbessern und anspruchsvolle Ziele zu verfolgen.

Erlaube Fehler

Beim Lernen von Sportarten, Sprachen und vieler weiterer Kompetenzen zählen nicht nur schnelle Erfolge, sondern – wie gerade bereits kurz erwähnt - auch die Bereitschaft, Fehler zu machen und zu erlauben. Es bedarf demnach einer konstruktiven anstelle einer destruktiven Fehlerkultur, bei der Fehler im Sinne eines Lernens erlaubt sind. Zu einer solchen konstruktiven Fehlerkultur gehört daher:

1. **Offenheit und Transparenz:** Eine gute Fehlerkultur ermutigt Mitarbeiter, Fehler offen anzusprechen, sowohl gegenüber ihren Kollegen als auch gegenüber Vorgesetzten. Es sollte ein offener Dialog über Fehler stattfinden, ohne Schuldzuweisungen oder negative Bewertungen.

2. **Lernen und Verbessern:** Anstatt Fehler als etwas Schlechtes zu bewerten, betrachtet eine konstruktive Fehlerkultur Fehler als Gelegenheit zum Lernen und zur Verbesserung. Fehler werden als Teil des Lernprozesses akzeptiert, und es wird erwartet, dass aus ihnen gelernt wird, um zukünftige Fehler zu vermeiden.

3. **Verantwortung und Rechenschaftspflicht:** Eine gute Fehlerkultur fördert die Übernahme von Verantwortung für Fehler. Mitarbeiter sollten bereit sein, Verantwortung für ihre eigenen Fehler zu übernehmen, anstatt sie auf andere abzuwälzen.

Konstruktive Fehlerkultur
* Kernfrage: Was lehrt uns der Fehler?

Fehlerkultur

Als Fehlerkultur bezeichnet man die Art und Weise, wie ein Unternehmen mit Fehlern, Pannen und Problemen sowie den daraus resultierenden Konsequenzen umgeht. Eine gute Fehlerkultur trägt dazu bei, ein Umfeld zu schaffen, in dem Mitarbeiter sich sicher fühlen, ihre Gedanken und Ideen auszudrücken, Innovationen voranzutreiben und ihr volles Potenzial auszuschöpfen. Indem sie Fehler als Gelegenheit zum Lernen und zur Verbesserung betrachtet, fördert eine gute Fehlerkultur letztendlich das Wachstum und die Entwicklung einer Organisation.

Schatzkiste der Problemlösungen

Destruktive Fehlerkultur
* Kernfrage: Wer hat es verbockt?

```
        Fehler
       ↗      ↘
   Angst      Verursacher*
       ↖      ↙
      Rechtfertigung
```

Proaktive (konstruktive) Fehlerkultur

Eine proaktive Fehlerkultur ermutigt Mitarbeiter sogar dazu, bewusst Fehler einzugehen, um gerade daraus zu lernen. Die Kernfragen einer solchen, proaktiven Fehlerkultur lauten: Wie finden wir früh Fehler? Was lernen wir aus frühen Fehlern?

zukünftiges Problem

aktuelles Problem

Dies schafft ein Klima der Rechenschaftspflicht, in dem alle dazu ermutigt werden, Verantwortung für ihre Handlungen zu übernehmen.

Zudem wird in einer guten Fehlerkultur die Fehlervermeidung nicht nur auf den einzelnen Mitarbeiter abgewälzt, sondern als gemeinsame Verantwortung eines Teams (bzw. Abteilung) betrachtet. Das Team arbeitet zusammen, um Fehler zu analysieren, Lösungen zu finden und Präventionsmaßnahmen zu entwickeln, um ähnliche Fehler in Zukunft zu vermeiden.

4. **Unterstützung und Empowerment:** es reicht nicht aus, nur von einer guten Fehlerkultur zu sprechen, vielmehr muss diese über alle Hierarchien vorgelebt und auch entsprechend geschult werden.

5. **Anerkennung von Risikobereitschaft:** Eine gute Fehlerkultur erkennt an, dass Innovation und Fortschritt mit Risiken verbunden sind. Mitarbeiter, die mutig genug sind, neue Wege zu gehen und dabei Fehler zu machen, werden respektiert und wertgeschätzt.

Verlängere die Hochzeitsnacht

Werden Probleme im Rahmen von Projekten gelöst, dann vollziehen sich sehr häufig vier emotionale Phasen, angefangen bei einer Euphorie, gefolgt von der Ernüchterung, dem Aufbruch und – im besten Fall – dem Erfolg. Dieser Kurvenverlauf zeigt sich generell bei Veränderungsmaßnahmen, mit ganz unterschiedlichen Emotionen und Herausforderungen:

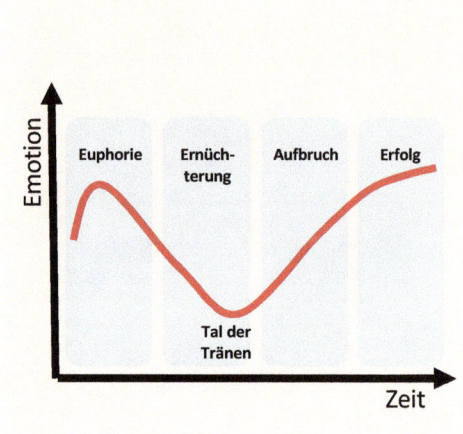

1. **Euphorie (Anfangsphase):** Bei den Visionären und Förderern erwächst ganz am Projektanfang ein Gefühl der Euphorie, getragen von der Aussicht selbst etwas Großartiges beizutragen. Die Begeisterung über die Chancen kann dazu führen, dass die Herausforderungen und Risiken zunächst übersehen oder unterschätzt werden. Gerne nennt man diese Zeit die Phase der Hochzeitsnacht, da am Anfang der Ehe die Begeisterung und gegenseitige Sympathie überwiegt.

2. **Ernüchterung (Widerstandsphase):** Während sich immer mehr die Realität des Projekts zeigt und die ersten Herausforderungen auftreten, setzt oft eine Phase der Ernüchterung ein. Unerwartete Widerstände, Rückschläge und Probleme können zu Frustration und Unsicherheit führen. Die anfängliche Begeisterung der Visionäre und Förderer nimmt ab. Die abwarten Skeptiker, Bremser und Blockierer fühlen sich hingegen in ihrer anfänglichen Skepsis oder gar Ablehnung bestätigt.

Hochzeitsnacht-Effekt

Der Begriff „Hochzeitsnacht-Effekt" (engl. "Honeymoon Effect") beschreibt in Projekten die anfängliche Phase, in der die Beteiligten, insbesondere das Team und die Projektverantwortlichen, begeistert, motiviert und optimistisch sind. Diese Phase ähnelt den Flitterwochen in einer Ehe, in der (noch) alles aufregend und positiv erscheint. Ziel in der Projektarbeit ist nun, diese Euphorie so lange wie möglich bei zuhalten. Dies geschieht vor allem dank regelmäßigen (kleinen) Erfolgen, den schon diskutierten Quick Wins.

Move Fast

Am Ende der Ernüchterungsphase kommt es nicht selten zu einem Tal der Tränen, jenem Tiefpunkt, bei welchem die bisher aktiv Mitwirkende den Glauben an das Projekt verlieren, während die linke Seite der Veränderungstypen ihre schon von Anfang an gelebte Abneigung zu dem Projekt noch offener kommunizieren.

3. **Aufbruch (Anpassungsphase):** Schafft ein Team in der Projektphase die Anpassung an die Realitäten des Projektes, so kann es das Tal der Tränen überwinden und in die reale Problemlösung einsteigen.

   Erste Lösungen für die Probleme werden realisiert, vor allem da sich das Projektteam klar auf Quick Wins (z.B. dank MVPs und MWPs) fokussiert. Diese ersten Erfolge führen zu einer Aufbruchstimmung und neuer Motivation als dringend nötige Basis für den späteren Projekterfolg.

4. **Erfolg (Abschlussphase):** Dank einer Abfolge schneller, wenn auch kleiner Erfolge (den Quick Wins) kommt die eigentliche Problemlösung immer weiter voran bis schlussendlich das Gesamtziel erreicht wird. Die ursprüngliche Euphorie findet sich wieder, diesmal jedoch aufgrund von erreichten Meilensteinen, positiven Gesamtergebnissen und dem Gefühl der Erfüllung und Zufriedenheit.

Hinweis

Nicht alle Projekte durchlaufen stets die selben Veränderungskurven und auch die Dauer der Phasen kann variieren. Dieses Modell soll jedoch helfen, die emotionalen Aspekte eines Projekts besser zu verstehen und Wege zu finden, wie die Beteiligten auf die Veränderungen reagieren können.

Suche Partner

Gerade bei der Generierung erster Erfolge kommt man mit Partnern oft viel schneller voran. Umgekehrt können (externe und interne) Personengruppen den Verlauf eigener Projekte auch behindern. Diese Gruppen an Menschen, die einen Einfluss auf den eigenen Erfolg bzw. Misserfolg haben, nennt man aus dem englischen „Stakeholder". Typische externe Stakeholder sind z.B.:

1. **Mitarbeiter:** Mit ihrer Arbeit und ihrem Wohlbefinden haben die Mitarbeiter eine direkte Auswirkung auf den Erfolg des Unternehmens.

2. **Kunden:** Kunden bezahlen uns unsere Gehälter! Damit sind sie eine entscheidende Stakeholdergruppe. Ihr Verhalten, ihre Bedürfnisse und ihre Zufriedenheit beeinflussen den Erfolg eines jeden Unternehmens.

3. **Lieferanten und Geschäftspartner**: Unterstützt uns diese Gruppe mit ihren Leistungen, Innovationen, Preisen und Informationen, dann können wir selbst im Markt stark sein; ohne diese Unterstützung ist dies oft nicht möglich.

4. **Wettbewerber:** Üblicherweise wird oft nur negativ über Wettbewerber gesprochen, aber diese können auch sehr positive Auswirkungen für eine Firma haben. So können sie Partner gegenüber der Politik, Banken und Lieferanten sein, die gemeinsam mit uns die Interessen einer Branche bzw. Region vertreten.

Stakeholder

Der Begriff "Stakeholder" stammt aus dem englischen Sprachgebrauch und wurde erstmals in den 1960er Jahren geprägt. Er leitet sich vom Wort "stake" ab, was so viel wie "Anteil" oder "Interesse" bedeutet. Hier handelt es sich um alle Personen oder Gruppen, die von den Aktivitäten und Entscheidungen eines Unternehmens betroffen sind oder Einfluss auf das Unternehmen haben können.

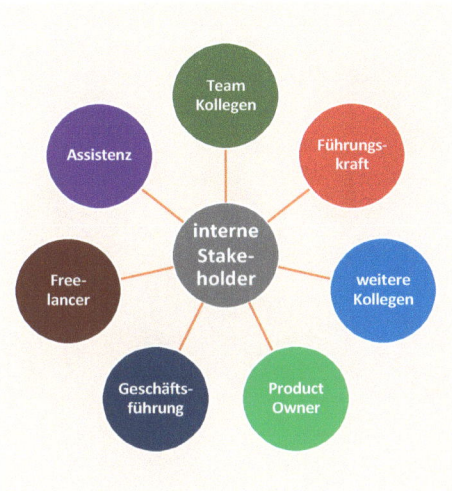

5. **Finanzen**: Die Entscheidungen und Erwartungen der Gesellschafter, Investoren und Kreditgeber haben regelmäßig einen großen Einfluss.

6. **Öffentlichkeit und Gesellschaft:** Das Unternehmen steht in Wechselwirkung mit der Gesellschaft und der breiteren Öffentlichkeit. Die Meinungen, Erwartungen und das Vertrauen der Gesellschaft haben oft Auswirkungen auf das Unternehmen

7. **Behörden und Regulierungsstellen:** Durch Gesetze, Vorschriften, Auflagen, aber auch Subventionen und Lobbyismus können diese Stakeholder fördern bzw. behindern.

8. **NGOs und Interessengruppen:** Nichtregierungsorganisationen (NGOs) und Interessengruppen können ebenfalls Stakeholder sein, insbesondere wenn sie das Unternehmen im Hinblick auf soziale, ökologische oder ethische Aspekte überwachen oder beeinflussen.

Stakeholder Management

Ein erfolgreiches Stakeholder Management beinhaltet den Aufbau von langfristigen Beziehungen, die Transparenz, Dialog, Engagement und die Berücksichtigung der Stakeholder-Perspektiven in die eigenen Entscheidungsprozesse. Besonders die wichtigsten externen aber auch internen (!) Stakeholder gilt es gemäß ihrer Bedeutung und des von ihnen ausgehenden Risikos aktiv zu berücksichtigen und einzubinden.

Interne Stakeholder sind ebenfalls wichtig für die Lösung eigener Projekte. Positiv formuliert können sie mit ihrem Engagement, ihrer Unterstützung und ihrer Zusammenarbeit entscheidend den Erfolg von Projekten beeinflussen. Negativ formuliert können sie genauso alles behindern, verlangsamen oder gar boykottieren. Um so mehr sind ihre individuellen Bedürfnisse zu berücksichtigen und ein aktives Stakeholder-Management zu implementieren.

Halte durch!

Kennst du das: Mit dem offiziellen Start eines Projektes (z.B. zur Lösung eines akuten Problems) denkt man, jetzt wird alles gut. Mit der Entscheidung zugunsten einer Aktion, mit der Benennung von Personen sowie der Verteilung von Aufgaben, Rollen und Verantwortung, ist das Problem „quasi" schon erledigt. Doch dies klappt selten. Vielmehr fangen die Arbeiten und Mühen jetzt erst richtig an:

1. **Transparenz:** Überprüfe kontinuierlich die (Zwischen-) Ergebnisse. Dabei helfen immer wieder die beiden Techniken aus der agilen Methode Scrum: Review und Retrospektive (siehe die Kästen auf beiden Seiten).

2. **Selbstreflexion:** Analysiere regelmäßig deine eigenen Fortschritte und reflektiere dein Handeln. Frage dich, ob du tatsächlich auf dem richtigen Weg bist und ob deine Aktionen deinen Zielen entsprechen.

3. **Entschlossenheit stärken:** Identifiziere die Gründe, warum du an deinen Zielen festhalten möchtest, und stärke deine Entschlossenheit, indem du dir diese Gründe immer wieder bewusst machst.

4. **Disziplin entwickeln**: Disziplin bedeutet, auch dann weiterzumachen, wenn es schwierig wird oder wenn Versuchungen auftreten, vom Kurs abzuweichen. Es erfordert Selbstkontrolle und Durchhaltevermögen.

Review

Das **Review** ist eine regelmäßige Veranstaltung, in der ein Team seine abgeschlossene Arbeit präsentiert und ein sachliches Feedback von den Stakeholdern einholt, um die Zwischenergebnisse zu überprüfen und gegebenenfalls Anpassungen vorzunehmen.

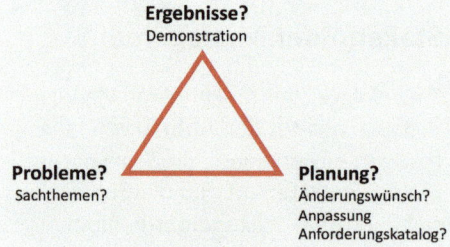

In der Praxis zeichnet man bei Reviews gerne dieses **Dreieck** auf eine Metaplanwand oder ein Board, um dann auf Zetteln die Rückmeldungen der Diskussionsteilnehmern zu sammeln.

Retrospektive

Im Gegensatz zum sachlichen Review prüft die **Retrospektive** mehr die Art und Weise, wie die Zusammenarbeit im Team funktioniert. Die Prozesse und Strukturen des Projektteams werden darauf reflektiert, was sich zukünftig in der gemeinsamen Arbeit verbessern, reduzieren, vermeiden, intensivieren oder verändern lässt, um in Zukunft effizienter, produktiver bzw. mit noch mehr Freude und Erfolg zu arbeiten. Auch hier kann eine visuelle Methode helfen, die sog. Seestern (engl. **Starfish**) Sammlung, bei der erneut Ideenkarten zu Themenfeldern gesammelt werden.

5. Mit Rückschlägen umgehen: Rückschläge gehören zum Leben dazu. Es ist wichtig zu akzeptieren, dass nicht alles reibungslos verläuft. Lerne aus Fehlern und Niederlagen und gehe gestärkt daraus hervor.

6. Geduld haben: Manchmal dauert es eine Weile, bis sich die gewünschten Ergebnisse zeigen. Hab Geduld und gib nicht zu schnell auf. Behalte das große Ganze im Blick und bleibe fokussiert.

Gerade die Geduld ist eine zentrale Eigenschaft zum Lösen von Problemen. Es ist dabei wie bei Pflanzen: Häufig kann man Lösungen nicht einfach „hochziehen". Dann lässt sich aber über die geeignete Auswahl der Samen (Selektion von Personen), durch eine richtige, dosierte Düngung (wie Zielvorgaben, Ausbildung, Information) und durch Entfernen von Unkraut, Schädlingen und Schattenwerfern (Sanktionssysteme, Belohnung, Entlassung) ein geeignetes Umfeld schaffen, in dem sich die Pflanze optimal entfalten und Frucht bringen kann.

Es ist wichtig zu verstehen, dass Erfolg oft ein Ergebnis von Beharrlichkeit und Ausdauer ist. Nur selten führt der erste Versuch zum gewünschten Ergebnis. Die Bereitschaft, immer wieder aufzustehen, sich neu zu orientieren und weiterzumachen, ist das, was den Unterschied zwischen langfristigem Erfolg und Misserfolg macht!

Achte auf Rollen

Für jede Problemlösung benötigt es drei klare Rollen! Bei einer Kutsche kann man diese drei Rollen gut mit dem bzw. den Pferden, dem Kutscher und dem Passagier vergleichen:

1. **Pferd / Fachpromotor:** Wie die Pferde eine Kutsche ziehen, so treiben die Fachpromotoren eine Problemlösung von der ersten Idee bis zur Umsetzung. Sie haben die nötigen fachlichen und sozialen Kompetenzen, um eine Herausforderung erfolgreich abzuschließen. Dafür benötigen sie aber auch die Freiheit, selbständig zu entscheiden, wie man eine Lösung richtig umsetzt. Denn was passiert, wenn auf einmal der Kutscher oder Passagier selbst die Kutsche ziehen soll? Diese Rollen haben doch gar nicht die notwendige Kompetenz („Pferdestärke") dafür ;-)

2. **Kutscher / Prozesspromotor:** Ohne eine Kutscher laufen die Pferde gerne in ganz unterschiedliche Richtungen. Dies zu verhindern und um am Ende wirklich das Ziel zu erreichen, ist der Auftrag eines Kutschers. Ebendies gilt auch bei Prozesspromotoren: Es geht um die Moderation, Motivation, Provokation aber auch Kontrolle aller Mitwirkenden. Ihr Ziel ist eindeutig, ein Problem schnell (effizient) und korrekt (effektiv) zu lösen. Dabei trotzen die Kutscher jedem Sturm, Regen, Hitze und übrigen Gefahren.

Bedeutung von Rollen

Rollen sind Funktionen, Positionen oder Aufgabenstellungen, die ein Mitglied einer Gruppe aufgrund seiner fachlichen und sozialen Kompetenzen – und auch beeinflusst von gruppendynamischen Prozessen – mehr oder weniger offiziell zugewiesen bekommt. Klassische Rollen in Unternehmen sind z.B. Führungskraft, Spezialist und Generalist. Für die Lösung von Problemen existieren gerne drei besondere Rollen, die zur erfolgreichen Umsetzung – aber auch für jede Innovation (!) - dringend notwendig sind: die Fach-, Prozess- und Machtpromotoren. Die Prozesspromotoren sind übrigens bei Scrum die „Srum Master", bei SAFe die „Release Train bzw. Value Stream Engineers" oder bei OKR der „OKR Master". Die Machtpromotoren heißen bei Scrum u.a. „Product Owner" und bei SAFe „Business Owner".

Konsequenz

3. Passagier / Machtpromotor: Wohin soll eigentlich die Kutsche steuern? Wer übernimmt die Reisekosten? All dies sind nicht nur Funktionen der Passagiere, sondern auch von Machtpromotoren: Er als Passagier entscheidet, wohin gefahren wird (Vision und Ziele), und zahlt für die Passage (Budget und finanzielle Ressourcen). Wie bei einer echten Kutsche erlebt der Passagier die Fahrt sehr direkt: Jedes stärkere Ruckeln und jeden Stoß bekommt er aktiv mit. Ja, bei einem Radschaden muss er gegebenenfalls selbst aus seinem geschützten Raum aussteigen und mithelfen, ein Rad zu wechseln.

Rollen und Kompetenzen

Rollen und Kompetenzen sind zur Lösung (fachlicher) Probleme wichtiger als Stellen und Hierarchien! Dieser Satz hat es in sich: Organisationen mit starren Strukturen werden es bei der Lösung von Problemen schwer haben. Fest definierte Stellen und Stellenbeschreibungen, viele Hierarchien mit Egointeressen sowie einzelne Unternehmensbereiche als Fürstentümer schaffen Fragilität bzw. Verwundbarkeit. Die Organisationen mit einem Fokus auf klare Rollen und Kompetenzen haben es hingegen einfacher, die Herausforderungen der aktuellen Zeit als Basis ihrer zukünftigen Wettbewerbsfähigkeit zu nutzen.

Auf Englisch bezeichnet man den Machtpromotor auch als Godfather, also als „obersten Paten". In dieser Funktion achtet er auf alle Widerstände und hilft, diese zu überwinden. Denn am Ende ist immer eine zentrale Person notwendig, welche die Kraft, den Mut und die Macht hat, eine Entscheidung zu treffen! Ohne diese Person, sollte man eigentlich kein Projekt starten.

Wer ist aber nun der Projektleiter? Diesen Titel gibt es so nicht mehr, denn alle drei Rollen übernehmen Aufgaben des Projektleiters. Aber in der Realität werden diese Rollen oft vermischt, so dass am Ende keine klaren Kompetenzen und Verantwortungen vorliegen. Probleme werden dann nicht gelöst, sondern nur vertagt.

4. Stakeholder: Natürlich gibt es in Projekten immer noch eine vierte Rolle, die der Stakeholder, also all jener Personen, die auf unsere Problemlösung einen positiven bzw. negativen Einfluss ausüben können. Wir lernten diese Stakeholder auf Seite 46 kennen. Die Kunst ist es nun, sie nur zu einigen wenigen, aber zentralen Zeitpunkten aktiv in das Projekt einzubinden, wie z.B. in den Reviews von Seite 48. Dies zu realisieren ist eine der bedeutenden Aufgaben des Prozesspromotors. In der übrigen Zeit soll das Projektteam autonom arbeiten, ohne dass ein Machtpromotor oder die Stakeholder störend intervenieren (siehe U-Boot Prinzip Seite 38).

Balanciere Kontrolle & Freiraum

Konsequentes Handeln ermöglicht eine klare Ausrichtung auf das Ziel, erhöht die Effizienz der Problemlösung und fördert Vertrauen und Zuverlässigkeit bei allen Beteiligten. Konsequentes Handeln heißt aber nicht, dass man alles selber zu erledigen bzw. alles ständig zu kontrollieren hat. Vielmehr geht es um ein ausgewogenes Verhältnis zwischen Kontrolle und Freiräumen, wie durch:

1. Delegieren von Verantwortung: Ermögliche den Teammitgliedern, Verantwortung für ihre Aufgaben und Ergebnisse zu übernehmen. Dies fördert das Engagement und stärkt häufig die Selbstständigkeit.

2. Richtlinien und Prozesse: Stelle klare Richtlinien und Prozesse auf, die als Leitfaden dienen und eine gewisse Kontrolle gewährleisten, ohne dabei die Kreativität einzuschränken. Agile Methoden wie Scrum oder OKR bieten z.B. entsprechende Richtlinien und Verfahren, wobei sie im Privaten viel einfacher einzuführen sind, als in Firmen mit ihren oft verkrusteten Strukturen und Ängsten.

3. Zeitliche Autonomie: Gewähre dem Projektteam für eine klar definierte Zeitphase (z.B. 4 oder 6 Wochen) die Autonomie, selbständig an den Aufgaben zu arbeiten und eigene Entscheidungen (im Rahmen vorheriger Freigaben) zu treffen. Versuche ja nicht, spontan neue Ideen oder Anregungen einzubringen, da dies den aktuellen Prozess mindestens irritiert wenn nicht sogar nachhaltig stört.

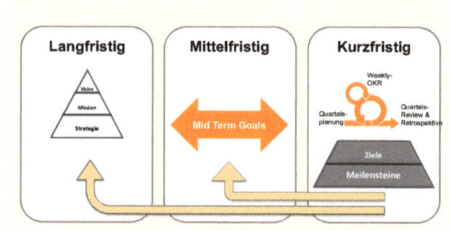

Objectives and Key Results

Eine Methode zum Führen von Unternehmen, die mit dieser Balance von Kontrolle und Freiräumen arbeitet – nennt sich **Objectives and Key Results (OKR)**. Sie wurde in den 1980er-Jahren zuerst bei Intel eingeführt, wo Intel-Mitgründer Andrew Grove das System in Anlehnung an Peter F. Druckers „Management by Objectives" (MbO) und SMART (siehe nächste Seite) entwickelte. Google nutzt seit 1999 OKR, um quartalsweise Prioritäten festzulegen und Mitarbeiter agil zu führen. Entscheidungen, welche mittelfristigen Ziele und Maßnahmen anzugehen sind, werden auf Basis der langfristigen Ordnungselemente (Vision, Mission und Strategien) getroffen. Dann gelten Quartalszyklen, in denen jede Maßnahme auf ihren Erfolg überprüft und mögliche Kursänderungen entschieden werden (siehe Abbildung oben). So ist sichergestellt, dass alle Organisationseinheiten unternehmensweit in die gleiche Richtung steuern. Nach Intel und Google wurde OKR in der Zwischenzeit von vielen weiteren Firmen – mehr oder weniger erfolgreich – übernommen.

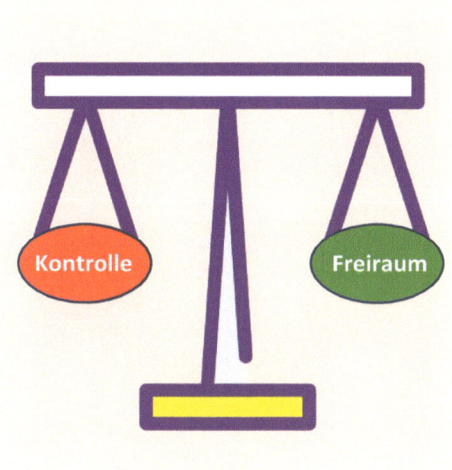

4. Flexibilität: Gebe den Teammitgliedern die Möglichkeit, ihren Arbeitsstil anzupassen und verschiedene Methoden auszuprobieren, um ihre Produktivität und Kreativität zu fördern.

5. Regelmäßige Kontrolle: Führe regelmäßige Status- und Kommunikationsrunden (wie die vorher diskutierten „Reviews") durch, um den Fortschritt des Projekts zu überwachen und eventuelle Abweichungen frühzeitig zu erkennen. Aber wichtig, „regelmäßige" Überwachung heißt nicht „ständige" Kontrolle. Es reicht vollkommen aus, zu festen Zeitpunkten präsent und kritisch zu sein, während dazwischen das Team einfach mal arbeiten kann.

6. Ressourcenmanagement: Achte darauf, dass die verfügbaren Ressourcen angemessen und effizient eingesetzt werden, um den Projekterfolg zu unterstützen.

SMART Ansatz

Im George T. Dorans SMART-Ansatz („Specific Measurable Accepted Realistic Time Bound") geht es primär darum, klare und präzise Ziele zu setzen, die spezifisch, messbar, erreichbar, relevant und zeitgebunden sind. Durch SMART-Ziele kann man die Konsequenz und Fokussierung auf die Problemlösung aufrechterhalten und den Fortschritt kontrollieren, was die Wahrscheinlichkeit des Erfolgs erhöht und die Leistung weiter verbessert.

Indem man Freiraum und Kontrolle geschickt miteinander kombiniert, kann ein Projektteam die Vorteile beider Aspekte nutzen und gleichzeitig die Risiken von Überbürokratisierung oder mangelnder Struktur minimieren. Eine ausgewogene Balance fördert die Motivation und das Engagement der Teammitglieder und trägt dazu bei, dass ein Projekt bzw. eine Problemlösung erfolgreich abgeschlossen wird

Lust auf mehr?

Sei kreativ!

Ideenfindung leicht gemacht
Anwendungs-Tipps zum Einsatz von Kreativitätstechniken dank Assoziationen, Spielen und Basteln, Analogien, dem Wechsel von Perspektiven, aber auch dem Überwinden eigener Dogmen. Ideen zu finden, macht Spaß und ist der Basis für Innovationen.

Sei konstruktiv!

Problemlösung möglich gemacht
Anwendungs-Tipps (wie das U-Boot- oder Virus-Prinzip) zum strukturierten und lösungsorientierten Überwinden von Hindernissen und dem erfolgreichen Umsetzen von neuen Ideen oder Vorgaben. Ob ein Problem erfolgreich gelöst wird oder nicht, hängt meist ganz alleine von uns und unserem Team ab.

Sei innovativ!

Neue Wege, neue Lösungen
Anwendungs-Tipps zum Innovationsmanagement und der Geschäftsentwicklung in den Bereichen: Produkte, Prozesse und Geschäftsmodelle. Woher kommen Verbesserungen, Neuentwicklungen oder gar Disruptionen? Was ist nötig, damit aus Ideen erfolgreiche Innovationen werden?

Sei kompetitiv!

Wettbewerbsfähigkeit stärken
Anwendungs-Tipps zu den diversen Wettbewerbsstrategien, wie Differenzierung, Diversifikation, Dominanz, Disruption etc., mit ihren unterschiedlichen Strategietypen (wie Erfinder, Verkäufer, Retter, Markt- oder Kostenführer). Denn nur „Durchwurschteln" führt zu Preiswettbewerb und Existenzgefahr.

Sei digital!

Mehr Digitalisierung bitte!
Anwendungs-Tipps zu der Digitalisierung von Organisationen mit den Schwerpunkten: Vernetzung, Automatisierung, Datenmanagement, IT-Sicherheit, dem Blick auf neue Technologien (wie Blockchain, Metaversum, 3D Druck, Quantencomputing) sowie dem Aufruf zu einer digitalen Transformation.

Digital Business

Moderne Geschäftsmodelle
Anwendungs-Tipps zu digital-orientierten Geschäftsmodellen wie Netzwerk-, Service-, Daten-, Plattform-, Creator-, Token- und Meta-Ökonomie. Denn am Ende sind es immer Geschäftsmodelle, die den digitalen Wandel treiben. Und wer nicht aufpasst wird toxisch, schon aufgrund digitaler Disruptionen.

... höre einfach mal rein...

In der Podcastreihe „KurzNachgedacht" denke ich monatlich über zentrale Themen der Unternehmensführung im digitalen Wandel nach - gelegentlich im Rahmen des Sonderformats „KurzNachGefragt" mit spannenden Experten.

Kurzweilig, praxisorientiert und inspirierend, betrachtet diese Podcastreihe die Schnittmenge aus innovativen (manchmal gar disruptiven) Geschäftsmodellen, modernen Führungsmodellen und digitalen Technologien. Viel Spaß beim Zuhören und Mitdenken. Mehr auch unter: www.KurzNachgedacht.com

... oder lass Dich von mir coachen

Prozesspromotor und Business Coach für nachhaltige strategische Ausrichtungen im digitalen Wandel: Mehrere Tausend
Teilnehmer von Strategie-/ Innovations-Projekten und Manage-
ment-Trainings überzeugte ich schon mit meiner praxisnahen,
methodisch ganzheitlichen und dynamischen Art und Weise.
Visions-, Strategie-, Innovations-, Digitalisierungs- und Trans-
formationsprozesse sind bei mir in besten Händen.

Besuche doch einfach meine Coachingseite unter www.dissel-
kamp.com/coaching, mit den drei verschiedenen Gruppen von
persönlichen Business Coachings für Individuen oder Teams:
Grundlagen-, Intensiv- und Profi-Coaching. Und wenn Du mehr
über meinen Tätigkeiten als Dozent, Beirat oder Investor wissen
möchtest, dann besuche www.linkedin.com/in/disselkamp/.